Homem de influência

Jim Coté

Homem de influência

seguindo o Mestre e deixando um legado

Tradução
Emirson Justino

Vida

Título original
Man of Influence
edição publicada por InterVarsity Press
(Downers Grove, Illinois, EUA)

■

Todas as citações bíblicas foram extraídas da
Nova Versão Internacional (NVI),
©2001, publicada por Editora Vida,
salvo indicação em contrário.

Editora Vida
Rua Júlio de Castilhos, 280 Belenzinho
CEP 03059-000 São Paulo, SP
Tel.: 0 xx 11 6618 7000
Fax: 0 xx 11 6618 7050
www.editoravida.com.br
www.vidaacademica.net

■

Coordenação editorial: Rosa Ferreira
Edição: Equipe Vida
Revisão: Tatiane Souza
Diagramação: Set-up Time
Capa: Arte Peniel

Dados Internacionais de Catalogação na Publicação (CIP)
(Câmara Brasileira do Livro, SP, Brasil)

Coté, Jim
Homem de influência : seguindo o mestre e deixando um legado / Jim Coté ; tradução Emirson Justino. — São Paulo : Editora Vida, 2007.

Título original: *Man of Influence*
ISBN 978-85-7367-992-2

1. Jesus Cristo - Influência 2. Jesus Cristo - Exemplos 3. Vida cristã I. Título.

07-4173 CDD-232.904

Índice para catálogo sistemático:

1. Jesus Cristo : Influência : Cristianismo 232.904

Certamente este livro é dedicado a Deus, meu Salvador, Senhor e amigo, para que ele possa usá-lo a fim de realizar seus propósitos e trazer honra a si mesmo — o que já seria um feito incrível para esta publicação!

Este livro também precisa ser dedicado a todos os homens que influenciaram minha vida no passado: meu pai, meus técnicos, meus pastores e meus mentores, assim como meus amigos. Além disso, este livro é dedicado ao público atual de homens que lerão seu conteúdo, para que, juntos, todos nós nos tornemos os homens do Mestre.

Por fim, este livro é dedicado aos meus três filhos, Matthew, Daniel e Nathan, que representam o futuro. Eles me ensinaram o quanto é importante ser um homem responsável; agora, oro para que eles continuem a se desenvolver como homens de Deus e, como tais, que permaneçam firmes no Senhor.

Sumário

Agradecimentos

Agradeço a Deus pelo privilégio de escrever e pela honra de tentar comunicar sua verdade à minha geração. Quero expressar minha gratidão às pessoas maravilhosas da InterVarsity Press, especialmente Jeff Crosby e Andy Le Peau, que conseguiram não apenas captar a visão de meu manuscrito, mas transformá-lo em realidade.

Finalmente, e mais importante, quero agradecer a Brenda, minha linda esposa há 25 anos, que não apenas me encorajou a completar o manuscrito, mas me ajudou a digitá-lo e desfrutou de cada passo do processo juntamente comigo.

Introdução

Alguma vez você já ficou pensando se tomou a decisão correta em termos de investimentos na sua vida? Enquanto revisava meu trabalho esta tarde, peguei-me pensando sobre a melhor definição do termo *net worth*. Nos últimos anos, vimos o mercado de ações alcançar recordes de altas, atletas negociando contratos maiores e mais caros e a economia fazendo com que a carteira da maioria das pessoas engordasse — tanto aqui nos Estados Unidos quanto nos mercados emergentes da Ásia. Mas o que dizer sobre investimentos menos tangíveis? De que maneira alguém que investiu pesadamente nas necessidades e no desenvolvimento humanos pode calcular se seus esforços menos tangíveis estão gerando valor e rendendo dividendos? Em outras palavras, o valor de uma vida pode ser medido de uma outra maneira que não seja por meio de números ou estimada por valores que não sejam simplesmente econômicos?

Há vários anos, os noticiários são dominados pela expansão econômica e a tecnologia, pelas pessoas, pelos programas de *marketing* e pelas taxas de juro que têm nos impulsionado. Os heróis de hoje, por fim, são aqueles que lideram o negócio do avanço financeiro que marcou a última década do século e do milênio passados.

Sendo assim, a decisão de investir em pessoas seria errada ou inocente, especialmente no caso de ela conflitar com uma oportunidade de se avançar materialmente? Hoje, quando o mundo luta para acelerar em termos financeiros, a pergunta que me consome por dentro é esta: Qual é a oportunidade suprema da vida? Que valor supera todos os outros de modo que a busca por ele garanta a satisfação de uma vida bem vivida e sem arrependimentos?

Quando leio as notícias sobre as pessoas bem-sucedidas de hoje e reflito sobre essa grande questão de propósito, produção e qualidade, minha mente se volta para outra pessoa, de outra era, que morreu pobre, embora tenha sido uma das personalidades mais respeitadas do século XX.

Alvin York, herói norte-americano da 1ª Guerra Mundial, com um potencial ilimitado de aumentar sua renda a partir do *marketing* de suas bravuras militares, morreu praticamente sem dinheiro. Isso não aconteceu porque ele desperdiçou sua riqueza, mas porque ele a distribuiu, definindo riqueza pelo número de pessoas que ele poderia ajudar, e não pela acumulação financeira possibilitada por um momento de incrível sucesso. York recusou-se a vender seu uniforme ou a desfrutar dos resultados da providencial proteção de Deus sobre sua vida durante a guerra. Ele sentia que levantar dinheiro a partir de seus feitos heróicos na guerra, quando tantos soldados norte-americanos morreram fazendo o mesmo que ele fez — sua tarefa —, era equivalente a saquear uma sepultura. York nunca se considerou um herói,[1] mas apenas um soldado obediente, e, assim, optou por manter uma perspectiva que enxergava a ajuda aos necessitados sem vender sua alma no horário nobre da TV como um chamado mais elevado e um empreendimento mais nobre. Ciente de sua própria inclinação a errar e reconhecendo a incomparável tentação que a fama e a fortuna poderiam lhe trazer, York voluntariamente recusou contratos para fazer filme, escrever livro e fazer endossos, por estar centrado na fundação de uma instituição educacional para crianças pobres e analfabetas da área rural de seu estado natal, o Tennessee. Alvin York passou a vida toda levantando fundos para criar sua instituição sem fins lucrativos. Ele raramente aceitava salários e morreu sem os confortos do sucesso material. Contudo, em seu funeral, a nação parou para chorar sua morte. Mais de 8 mil pessoas prestaram tributo em sua sepultura, incluindo o governador do Tennessee e outros dignitários.

Sua vida foi bem-sucedida? Foi bem gasta? Por meio de qual cálculo medimos o valor de uma vida? Suponho que seja pelos valores que tal vida reflete e propaga. Para York, esses valores eram honestidade, diligência, compaixão e cuidado pessoal por aqueles que não tinham casa nem esperança.

Mas o que dizer sobre os valores de hoje? Como mensuramos o sucesso de uma vida bem vivida? Há pouco tempo, a gigante da informática Microsoft foi considerada por um juiz federal uma empresa monopolista que esmaga a inovação e as oportunidades de seus concorrentes, pondo em risco tanto estes quanto os consumidores que compram seus produtos. E qual foi a reação de Wall Street a esse fato vergonhoso? Praticamente nenhuma. Diante da má notícia, a Microsoft deu de ombros, suas ações perderam um pouco de valor para, logo depois, subirem de preço novamente para seus investidores. Por quê? Não nos importamos com a integridade, com o jogo justo e a competição honesta? Ou sacrificamos tais virtudes fundamentais em favor de resultados mais glamorosos de uma gorda carteira de ações e dos benefícios materiais que ela nos concede? Será que existem Alvins Yorks hoje?

Qual é o valor da vida? Em favor de qual causa eu deveria viver? Que resultados desejo alcançar? Como posso investir meus anos de modo que, no fim, eu me satisfaça com o esforço, o processo, o progresso e os resultados? De que maneira posso garantir, no final das contas, que posso olhar para trás com a confiança de que vivi sem remorso? Numa frase, depende de mim. E você — como quer ser lembrado? Que legado quer deixar? Que efeito residual pode levar consigo? Como você pode ser um homem de influência?

Para mim, a resposta são as pessoas. Creio que o melhor empreendimento é aquele que considera o que é melhor para os outros. Esse empenho precisa ser um esforço firme e construtivo para aplicar meus dons, minha experiência, meus recursos e meus relacionamentos para ajudar os outros a fazerem o melhor que podem. Se eu posso melhorar a experiência de vida de outras pessoas, colocando-as num patamar mais elevado do que elas alcançariam sem mim, então minha vida serviu para fazer alguma coisa maior do que simplesmente me elevar. Esteja eu envolvido numa empresa com ou sem fins lucrativos, se o que eu faço contribui para a vida saudável de outras pessoas de uma maneira significativa e duradoura, então fui bem-sucedido em alavancar minha vida diversas vezes por meio de todos aqueles a quem ajudei. Esse é um bom investimento. E se o que eu faço ajuda outras pessoas a replicar esse esforço altruísta, então minha alavancagem é ainda mais multiplicada. Não há dúvida de que, no processo, minhas necessidades serão satisfeitas — mas será melhor ainda quando o sol de minha vida começar a se pôr. Terei a satisfação de saber que estou deixando para trás um mundo melhor, uma grande quantidade de amigos reconhecedores de um legado que vai perdurar além de mim, de meu plano de aposentadoria e de meu barco.

A maioria dos homens com quem converso deseja algo similar. Pergunte a um sujeito, quando ele estiver sozinho e sério, o que ele deseja fazer com sua vida e, sem dúvida, ele vai dizer: "Eu quero fazer diferença". Mesmo os jovens que encontro — que ainda precisam aprender que os empreendimentos e a acumulação não produzem a satisfação verdadeira — dirão que querem ganhar dinheiro, conhecer o mundo e ser poderosos de modo que possam ajudar outras pessoas. Sendo assim, por que é que tantos perderam o rumo? O que acontece para que o idealismo dos homens jovens se desvie para o progresso, a conquista e a realização egoístas? E por que é que a maioria dos homens de meia-idade ainda está procurando um lugar para plantar seu coração com o objetivo de usar seus últimos anos, seus dons e suas energias para fazer alguma coisa maior que eles mesmos?

Creio que isso acontece porque a maioria dos homens sente falta de um herói, alguém que sirva de modelo para seus mais elevados ideais e que os inspire a lutar bravamente para alcançá-los. Nós, homens, estamos procurando outro homem que demonstre as particularidades de um estilo de vida nobre no meio da sujeira e das dificuldades da existência diária. O fato é que não temos um modelo que nos ensine o caminho a seguir. Poucos são suficientemente bem-sucedidos para que nos inspirem confiança, criem em nós coragem e nos estimulem à perseverança para resistir durante a difícil tentativa de viver de modo diferente de nossa cultura e de nossa natureza humana. Afinal de contas, muitos líderes de hoje estão tão perdidos quanto seus seguidores.

Se você está se identificando até aqui, não se desespere: acho que encontrei um herói do qual você vai gostar.

Primeiramente, preciso lhe dizer que alguma coisa estranha aconteceu comigo nos últimos vinte anos. Comecei a amar as pessoas. Nem sempre foi assim, mas aprendi a amá-las com alguém que personifica o amor. Seu nome é Jesus Cristo. Sua vida está registrada em um livro conhecido como a Bíblia. Seu padrão de vida foi similar ao da pessoa que descrevi anteriormente — o sargento York. Mas a vida de Cristo foi superior. Ele personificou perfeitamente o investidor "sem arrependimentos" ao viver uma vida dedicada a ajudar os outros, a se importar com as pessoas, a ensiná-las e ajudá-las a chegar a um lugar mais elevado em termos espirituais, emocionais, físicos e relacionais. Ele morreu sem dinheiro — mas não foi esquecido. Sua vida literalmente mudou o mundo.

Considere o exemplo perfeito desse homem altruísta. Praticamente dois mil anos depois de sua morte, ele ainda é a pessoa mais reverenciada da história. Ele marca nossos calendários com o dia de seu nascimento, que é internacionalmente celebrado como um feriado. Contudo, para todos aqueles por quem morreu, uma de suas realizações mais notáveis e práticas foi que ele ensinou a homens e mulheres como tratar uns aos outros com dignidade e respeito, o que resultou numa comunidade transformada e, mais tarde, numa sociedade transformada. Ninguém que o conheceu intimamente prosseguiu sem ser profundamente afetado por ele, e seus seguidores de maneira voluntária reproduziram seu estilo de vida ao dedicar-se a ajudar outras pessoas a encontrar uma vida melhor.

Esse mesmo processo de imitação moral está acontecendo hoje, gerações depois da geração dele. Suponho que isso comprove o argumento de que ele investiu sua vida muito bem, pois o efeito combinado de sua filosofia de vida e de seu comportamento ainda está em ação mesmo depois de dois mil anos. E penso que isso se deve, como você vai descobrir quando realmente o conhecer, à forma de ele se relacionar e ao quanto ele é inspirador.

Essa é a filosofia que eu quero copiar. Sua vida é aquela que eu quero imitar. Não estou pronto para morrer ou ser sacrificado, nem estou defendendo um sacrifício tão radical. Mas de fato quero fazer uma diferença significativa e duradoura na vida das outras pessoas e realmente quero ser lembrado por aquilo que dei, não pelo que obtive. Quero deixar um legado. Quero ser um homem que tenha influenciado outros de uma maneira duradoura.

Quando comparo as opções entre um crescimento financeiro seguro simplesmente para meu próprio proveito e a opção de usar meus recursos para melhorar a qualidade de vida daqueles que têm necessidades, fico com a segunda opção.

Assim, uma vida investida em fazer o que é certo pelas razões certas não é uma vida desperdiçada — é apenas uma vida que aceitou ser provada. A pessoa que tenha tomado a decisão de viver de maneira nobre tomou a decisão correta, mesmo que não tenha alcançado uma fortuna. Ainda mais feliz é a idéia de que de agora em diante podemos usar nossas vidas em alguma coisa mais significativa do que o sucesso pessoal. Ainda podemos alavancar nossa vida para o bem.

Aprendi muito com esse mestre da influência chamado Jesus. Também tive o privilégio, nos últimos 25 anos, de ensinar a outros o que ele tem me ensinado. Quero continuar a ser aluno e praticante, pois ainda existe muito a aprender e a fazer. Vou seguir adiante, de fato, para revisar 10 princípios de investimento de vida bem-sucedidos, conforme modelados pelo Mestre. Por que você não se junta a mim nessa jornada educacional para vermos se, no final, não somos melhores pessoas por causa dela e capazes de ajudar nosso mundo a ser também um lugar melhor?

Aí vamos nós...

1

Começando de verdade

Todo mundo tem sua vida marcada pela de Jesus Cristo — mesmo que seja sem querer. Certa vez ouvi uma jornalista da National Public Radio dando a notícia da descoberta de artefatos antigos na China. Quando ela descreveu a idade dos objetos, fez a datação a partir da época de Cristo. Que irônico. Até mesmo uma jornalista secular *e imparcial* precisava referir-se à mais renomada figura religiosa do mundo para relatar a notícia com precisão. De fato, assim fazemos todos nós. Nosso calendário e até mesmo a data que escrevemos em nosso cheque contam o tempo a partir do nascimento de Cristo. Naquela mesma semana das notícias visitei um dos parques estaduais perto de minha casa, na Carolina do Norte. Para minha surpresa, quando perguntei ao guarda em quais dias o parque abria, ele disse que estava aberto todos os dias do ano, exceto no Natal. Como assim? O governo, tão famoso por sua defesa da "separação entre Igreja e Estado", todavia considera o dia do nascimento do fundador da Igreja seu único feriado nacional. Não importa o quanto uma pessoa possa tentar negar o incrível impacto da vida do carpinteiro de Nazaré, pois tal pessoa está fadada a remar contra o fato de que a influência de Jesus Cristo continua a ser sentida hoje. Suas pegadas parecem estar em todo lugar, desde a orientação de nosso calendário até o conteúdo de nossos códigos morais, indo até frases populares que usamos como "faça aos outros" e "procure e você encontrará", ou aquela famosa citação erradamente atribuída a Abraham Lincoln: "toda [...] casa dividida contra si mesma não subsistirá" (Mateus 12.25).

Este monólogo intitulado "Uma vida solitária" expressa bem a idéia:

> Ele nasceu numa vila desconhecida, filho de uma mulher camponesa. Cresceu em outra vila, onde trabalhou numa carpintaria até os 30 anos de idade. Então, por três anos, foi pregador itinerante. Ele nunca escreveu um livro. Nunca teve um escritório. Nunca teve uma família ou possuiu uma casa. Ele não foi para a faculdade. Nunca visitou uma cidade grande. E não fez nenhuma das coisas que alguém normalmente associa à grandeza. Não tinha nenhuma credencial a não ser ele mesmo. Tinha apenas 33 anos quando a onda da opinião pública voltou-se contra ele. Seus amigos fugiram. Ele foi entregue a seus inimigos e sofreu a zombaria de um julgamento. Foi pregado numa cruz entre dois ladrões. Enquanto estava morrendo, seus executores sorteavam suas roupas, a única propriedade que ele teve na terra. Quando morreu, foi enterrado numa sepultura emprestada graças à piedade de um amigo. Dezenove séculos se passaram e, hoje, ele permanece como a figura central da raça humana, o líder do progresso da humanidade. Todos os exércitos que já singraram os mares, todos os parlamentos que já se reuniram, todos os reis que já reinaram, colocados juntos, não afetaram tanto a vida do homem neste planeta quanto essa vida solitária.[1]

Portanto, se essas declarações são verdadeiras, se ele é a pessoa mais influente da história humana, então minha curiosidade levanta a pergunta: "Como ele fez isso?". Por meio de qual poder ou plano ele foi capaz de alcançar uma vida de tal significância? Será que, se eu descobrir esses planos, poderei empregar os mesmos métodos para garantir que minha vida crie um impacto no mundo com uma força tal a ponto de chamar a atenção da geração futura?

Descobri na ordem inversa que a resposta é sim. Se minha vida for vivida da maneira de Jesus, então ela pode influenciar as gerações futuras. A vida dele também teve um método proposital, discernível e replicável. Sua capacitação veio de um poder mais elevado que permitiu que ele estivesse acima da mediocridade da sociedade comum e assumisse um lugar de eficiência e eficácia sem paralelos.

É certo que ele é Filho de Deus e eu não sou, mas suas características humanas podem ser imitadas e, melhor ainda, ele revela que o poder que o capacitou está disponível a nós também. A única condição para aqueles que estão curiosos é o simples convite que uma vez foi feito a um homem chamado Natanael: "Venha e veja" (João 1.46).

Desse modo, temos uma oportunidade incomum, com implicações incomuns. Recebemos a chance de analisá-lo e de aprender com seu exemplo. Se o fizermos, então temos sua promessa de que ele vai nos capacitar de tal maneira que nossa vida realmente comece a refletir a sua em qualidade, influência e resultado.[2] Vamos aceitar essa oferta. E vamos olhar diretamente para as experiências de sua vida a partir de um registro cronológico e histórico de autoria de um médico chamado Lucas. Esse relato vai nos capacitar a ver de que maneira ele começou, o que fez, como fez, com quem estava associado e qual foi o resultado.

Começaremos nossa pesquisa sobre a significativa vida de Jesus puxando a cortina do palco para ver como se iniciou a obra de sua vida. Jesus era um conferencista itinerante que levava uma mensagem de emancipação espiritual. Sua história vocacional começa às margens do rio Jordão, num país chamado Palestina, durante um culto de batismo conduzido por um reavivalista conhecido como João Batista. Mas esse relato presente no livro de Lucas, no Novo Testamento, é reconhecido por sua precisão e inteireza. Encontramos a história no terceiro capítulo.

Em Lucas 3.3, lemos alguma coisa da mensagem do reavivalista João que apresenta o tema e a importância do ministério de Jesus: "Ele [João] percorreu toda a região próxima ao Jordão, pregando um batismo de arrependimento para o perdão dos pecados".

Essas poucas palavras nos dizem muito sobre o tema espiritual daquele evento. Aparentemente, havia uma indiferença geral em relação à natureza destrutiva do mau procedimento (pecado). A ignorância quanto ao fato de que o Criador estava desapontado com a população e que exigia mudança de coração é o que levou João a pregar.

Naturalmente, a mudança de comportamento (arrependimento) só pode ser mantida se existir primeiramente um coração transformado. A evidência de um coração transformado nessa sociedade judaica do século 1 era o ritual religioso do batismo (lavagem cerimonial). As pessoas não pulariam no rio gelado com suas longas roupas se não estivessem convencidas de que o esforço tinha alguma importância para sua vida. Desse modo, entendemos que o batismo era um dos rituais religiosos de confirmação que Israel usava com o objetivo de registrar uma mudança na condição de vida de alguém que cria em Deus.

Lemos que muitas pessoas vieram a João naquele dia precisando desse ato de limpeza. Mas a pessoa mais notável a entrar na água foi Jesus. Ele era o tão esperado Messias de Israel, aquele a quem as pessoas viam como salvador, libertador e rei do povo de Deus (Miquéias 5.2-5).

João fora advertido da chegada de Jesus por meio de um sonho, mas, ainda assim, relutou em batizar Jesus quando este pediu para ser batizado.[3] João sabia que Jesus não tinha necessidade de passar por aquele ritual de limpeza, pois o coração e a vida de Cristo eram perfeitos, sem pecado. Jesus queria submeter-se à ordenança sagrada da lei mosaica (o código religioso de Israel) como um modelo para os outros. Assim, diante da insistência de Jesus, João o batizou. Contudo, o que aconteceu em seguida foi tanto incomum quanto singular, algo jamais repetido. Lucas escreve que, primeiramente, os céus se abriram e uma pomba (uma representação do Espírito de Deus) pousou sobre Jesus. Segundo, a voz de Deus ecoou do alto dizendo que aquele Jesus era seu Filho (herdeiro por direito do trono de Deus) e que ele, o Pai celestial, estava muito satisfeito com o relacionamento, o papel e a reputação de seu Filho.

Isso foi extremamente incomum. Mas e daí? O que isso tem a ver comigo? Tudo, se você quer viver uma vida de influência, com significado e sem arrependimento. Esse episódio representa uma experiência pela qual nós também devemos passar se quisermos ser aceitos na fraternidade de Cristo — o que alguns chamam de tornar-se cristão.

Diferentemente de Jesus, nossa vida está cheia de manchas. Todas essas manchas (problemas de comportamento) começam com uma mancha no coração — nosso gerador moral. Se o seu gerador moral estiver correto, você agirá de maneira correta, mas, se não estiver, você não conseguirá deixar de cometer erros. Você é simplesmente humano; isso é totalmente natural. De fato, a Bíblia reconhece o fato universal do pecado[4] e até mesmo nos dá uma resposta sobre a razão de pecarmos.[5]

Mas a questão principal é esta: precisamos de um coração limpo — precisamos de uma lavagem —, precisamos de um batismo espiritual se quisermos ter um gerador moral saudável. João Batista criava o símbolo dessa atividade interna e invisível ao mergulhar as pessoas num rio. A questão permanece igual hoje. Com ou sem água, todos nós precisamos de um coração limpo, e isso só vem de Deus. Somente ele tem o poder de perdoar e o direito de fazê-lo, uma vez que a penalidade pelos nossos erros foi paga por uma outra pessoa, cujo nome é Jesus.

Acho que estou me adiantando, mas deixe-me dizer uma coisa aqui. Jesus Cristo, o Filho de Deus, veio à terra especificamente com esse propósito: pagar a pena por nossos pecados. Pecado é uma dívida com nosso Criador, que não possui pecado. O pecado é contrário à natureza divina e evoca a tristeza de Deus. De fato, conforme prometido[6] e repetido nas Escrituras,[7] a penalidade para o pecado é a morte.

Sendo assim, Jesus, sem pecado e sem culpa, pagou o preço por todos quando foi punido por Deus, o Pai, enquanto estava pendurado numa cruz romana no ano 34 de nossa era. Ele ressuscitou dos mortos três dias depois pelo poder do mesmo Espírito doador de vida que pousou sobre seu ombro no dia em que foi batizado.[8] Agora ele promete esse mesmo Espírito doador de vida e esse poder de capacitação de vida a todos os que crêem que ele morreu especificamente por eles.[9]

Quando realmente cremos, recebemos todas as bênçãos e benefícios que Deus originalmente planejou para a raça humana.[10] Naturalmente, por nunca ter pecado, Jesus jamais perdeu as bênçãos e os benefícios da perfeita comunhão com o Pai celestial, o que explica a razão de o mesmo Pai ter falado dos céus o quão orgulhoso estava de seu Filho. Isso leva a você e a mim. Aqueles mesmos três eventos precisam ser parte da experiência de nossa vida antes de embarcarmos numa jornada com o Mestre. Jesus não será realmente nosso Mestre se rejeitarmos sua oferta de perdão de pecados e de um novo coração. Do mesmo modo, nunca teremos o poder para segui-lo e imitá-lo se não formos feitos da mesma matéria espiritual.

Se não tivermos o seu Espírito em nosso coração, então não há possibilidade de nos transformarmos em homens do Mestre.

Podemos tentar, mas vamos errar feio porque necessitamos primeiramente ser transformados espiritualmente pelo novo nascimento (novo coração), algo que é derivado do fato de sermos crentes em Jesus Cristo. Não há outra maneira.

Essa idéia pode soar estranha num primeiro momento, mas talvez a história a seguir ilustre o quão contemporânea e relevante em verdade ela é.

Cerca de 25 anos atrás, um jovem de 18 anos assaltou uma loja da 7-Eleven no interior da Louisiana. A polícia o prendeu e a data do julgamento foi marcada. Sua mãe, porém, tinha outras idéias. Ela era uma mulher desesperada e sua história era muito triste, fato que ela usou para apelar ao juiz. Ela lhe implorou que usasse de clemência com seu filho. Parece que o rapaz era o mais velho de oito filhos, sendo que o mais jovem tinha apenas alguns meses de idade. Aparentemente, o estresse e a pressão de sustentar uma família tão grande perturbou o pai, de modo que ele partiu, deixando aquela mãe com a total responsabilidade de sustentar a si mesma e às crianças. A vida era dura. Ela passou a lavar roupa para ganhar dinheiro, e seu filho de 18 anos trabalhava numa loja para ajudá-la a pagar as contas. Eles eram orgulhosos demais para receber ajuda governamental e muito limitados na questão vocacional para romper o ciclo de pobreza.

Então aconteceu o pior. O bebê ficou doente e precisava de cuidados médicos. Sem qualquer dinheiro para pagar os médicos ou os medicamentos, o filho mais velho entrou em pânico, pegou o rifle de caça de seu pai e invadiu uma loja de conveniência. Nesse instante, aparentemente a única opção da mãe era implorar ao bom juiz, alguém com quem ela estudara no ginásio, para deixar que seu filho fosse solto. "O menino não tem passagem na polícia, nem mesmo uma multa de trânsito. Ele cometeu um erro estúpido", justificou ela. "Ninguém se feriu e ele fez isso por boas razões".

Imediatamente ela ouviu a resposta do juiz. Ele conhecia a família e entendia a situação. O fato é que o filho daquela mulher havia consertado seu carro várias vezes. Mas o juiz explicou que estava atado pelas leis e a jurisdição do estado da Louisiana e que jurara cumpri-las. Ele garantiu à mulher um julgamento justo, mas também lembrou que o menino teria de pagar por seu crime (erro), como ordenava a lei.

Chegou a data do julgamento e o rapaz foi considerado culpado. Uma vez que ele era réu primário, poderia ter uma pena alternativa, mas teria de pagar uma fiança de US$ 2.500 — um valor muito alto para os padrões da família — ou então iria para a prisão por seis anos. O martelo foi batido e o rapaz foi considerado culpado.

Mas então o juiz fez uma coisa notável. Ele se levantou de sua cadeira, tirou a toga, caminhou até o meirinho, tirou seu talão de cheques do bolso e disse ao meirinho que pagaria a fiança do rapaz. E ele pagou — preencheu um cheque pessoal de US$ 2.500, e o rapaz foi libertado.

Incrível. Como ele foi generoso. Como foi misericordioso. E brilhante, pois a exigência da lei também foi cumprida, sem prejuízo para a parte arrependida. É exatamente isso que Jesus fez por você e por mim.

O Pai celestial, que é santo e tem suas regras de conduta que exigem retribuição se forem quebradas, é exatamente como esse juiz. Ele também deve sustentar a jurisdição de sua posição, caso contrário, isso é crime. Então o que deve fazer? A pena do pecado, de acordo com a lei de Deus, é a morte física e espiritual, o que, em termos bíblicos, significa *separação.* Mas por causa de seu amor e de sua generosidade, Deus pagou nossa fiança por meio da pessoa de seu Filho, que morreu em nosso lugar naquela sexta-feira fatal no ano 34 de nossa era. Como resultado, nós fomos libertados — contanto que aceitemos seu pagamento.

Tudo é tão fácil que a maioria das pessoas não entende. É tão profundo que eu mesmo ainda sou tocado por essa maravilha, embora já se tenham ido trinta anos desde que aceitei o pagamento de Cristo. Repetindo:

1. Todos nós precisamos reconhecer nossos erros e nos arrepender — deixar o que é errado e nos voltar para Deus.
2. Todos nós precisamos ser limpos ao confiarmos na morte de Cristo — o pagamento pelos nossos pecados.[11]
3. Quando fazemos isso, recebemos a presença e o poder do Espírito de Deus em nós, o que nos capacita a viver para Deus e alegrá-lo — assim como Jesus fez.

Que oferta incrível! Que oportunidade de transformar a vida! Se você ainda não tinha sido apresentado ao cristianismo, por que não tomar a decisão de fazê-lo agora, simplesmente dizendo a Deus que você acredita nele e o recebe, em obediência aos três preceitos apresentados acima? O restante de sua vida aguarda por sua decisão.

2

Tentação

Provação antes do triunfo

Lucas 4.1-13

Em 1999, pela primeira vez na história dos Estados Unidos, um presidente eleito sofreu uma ação de *impeachment* motivada por perjúrio e obstrução da justiça. Pouco antes disso, dois políticos republicanos renunciaram em resposta a acusações de infidelidade conjugal. O presidente, porém, não renunciou, antes deu prosseguimento ao seu mandato pleno depois de ser absolvido pelo Senado.

O que estava originalmente em questão era a moralidade do presidente, ou melhor, sua definição de moralidade. A maioria dos membros do Congresso norte-americano considerou que os galanteios, as indiscrições sexuais e a irresponsabilidade profissional de William Jefferson Clinton, no exercício de sua função, foram tão notórias que uma votação decidiu pela remoção legal do presidente de seu posto. Eles consideravam seriamente a possibilidade de as decisões do presidente estarem por demais contaminadas por seus interesses nocivos, o que provocaria uma diminuição de sua habilidade de liderar. Suas escapadas sexuais foram vistas como uma ameaça à correta execução de suas tarefas como chefe do executivo do governo dos Estados Unidos. Portanto, seus colegas sentiram-se impelidos a lançar acusações contra ele, convencidos de que ele perdera a sabedoria e o privilégio de liderar.

Mas qual foi o resultado? Nada aconteceu.

Depois de pouco mais de um ano, ninguém mais sequer falava sobre o assunto. O caso sórdido fazia parte do passado. O sr. Clinton permanecia no cargo e parece que tanto a reprimenda pública por parte do Congresso quanto a tentativa de se cumprir a Constituição, bem como de manter a integridade do gabinete do executivo, foram consideradas pelos eleitores como injustificadas. Sintonizado com os ventos sempre mutantes da opinião pública, o Senado avaliou com precisão o consenso da atitude das pessoas e derrubou a acusação de *impeachment* por grande margem. Assim, o principal executivo de nossa nação, apesar de sua insolência, permaneceu no cargo para governar, estabelecer políticas, passar ordens ao executivo e indicar ocupantes de cargos federais e do poder judiciário como antes. "Só mesmo na América", dizem eles.

Deixando de lado o que isso nos fala sobre a visão pública que os norte-americanos têm das virtudes de seus presidentes — como castidade, fidelidade, autocontrole e auto-sacrifício —, sou levado a pensar o que isso nos diz sobre nossas novas expectativas quanto às qualificações daqueles que procuram nos governar. Qual é a nova definição de um líder? Se não é possuir honra, nobreza e prudência, assim como bondade, compaixão e generosidade, então o que é? Talvez a nova definição seja esperteza e agilidade diante de acusações judiciais e capacidade de compartimentalizar a vida pública e a pessoal.

Quero saber quais virtudes, quando mostradas por aqueles que governam, fornecem inspiração, orientação e esperança para as pessoas que os seguem e que, de outro modo, estariam perdidas.

Ou talvez a primeira pergunta a ser feita e respondida seja: "Qual é o objetivo a que estamos visando que define a credibilidade última de um líder nacional?". Se pudermos descobrir esse alvo que resume os atributos de caráter pessoal que qualificam uma pessoa para a verdadeira liderança, então certamente qualquer sacrifício feito, qualquer esforço realizado, qualquer tempo investido na direção de alcançar esse objetivo serão aplaudidos como sendo o uso correto de uma vida. A conclusão natural é que a ausência dessas buscas será reconhecida como um desqualificador.

Dessa forma, qual modelo é digno de ser copiado? Existe uma personalidade cuja qualidade de vida inspira as gerações futuras a viverem de maneira tal que o resultado seja a elevação da sociedade? A quem podemos seguir? Quem reflete mais de perto o padrão de virtude nobre e o caráter inspirador que estimularia a lealdade inabalável da população? Se o melhor uso de uma vida pessoal é em favor de um bem maior dos outros e se maximizar a vida por feitos que se estendem além de você é influenciar e elevar os outros, então quem possui o melhor padrão? Quem são os melhores concorrentes em nossa busca por uma liderança qualificada, quem é digno de nossa reverência e imitação? É Washington, Lincoln, Churchill ou Mandela? É George Washington Carver, Rosa Parks, Martin Luther King Jr.? É um cientista como Isaac Newton? Ou um artista do calibre de Rembrandt? Ou talvez um famoso líder religioso como o papa João Paulo II, Gandhi ou Dalai Lama?

Quem é verdadeiramente digno de nossa lealdade total?

Quanto a mim, continuo voltando para o homem perfeito, Jesus, o Filho encarnado de Deus, que, como nós, passou por todo tipo de tentação, porém sem pecado.[1] Não conheço outra pessoa na história do mundo que tenha realizado mais em sua vida do que Jesus de Nazaré. Não conheço ninguém mais reverenciado ou puro, que tenha demonstrado mais integridade. Para mim, sua existência representa o melhor modelo para viver uma vida honrada e perfeita.

Quando considero a vida de Jesus, olhando para o evento fundamental que estabeleceu o curso de sua vida, que mostra tanto sua força interior quanto a resolução exterior diante de desafio sem paralelo, penso na provação que foi sua tentação no deserto.

> Jesus, cheio do Espírito Santo, voltou do Jordão e foi levado pelo Espírito ao deserto, onde, durante quarenta dias, foi tentado pelo Diabo. Não comeu nada durante esses dias e, ao fim deles, teve fome.
>
> O Diabo lhe disse: "Se és o Filho de Deus, manda esta pedra transformar-se em pão".
>
> Jesus respondeu: "Está escrito: 'Nem só de pão viverá o homem' ".
>
> O Diabo o levou a um lugar alto e mostrou-lhe num relance todos os reinos do mundo. E lhe disse: "Eu te darei toda a autoridade sobre eles e todo o seu esplendor, porque me foram dados e posso dá-los a quem eu quiser. Então, se me adorares, tudo será teu".
>
> Jesus respondeu: "Está escrito: 'Adore o Senhor, o seu Deus, e só a ele preste culto' ".
>
> O Diabo o levou a Jerusalém, colocou-o na parte mais alta do templo e lhe disse: "Se és o Filho de Deus, joga-te daqui para baixo. Pois está escrito:
>
> " 'Ele dará ordens a seus anjos a seu respeito,
> para o guardarem;
> com as mãos eles o segurarão,
> para que você não tropece
> em alguma pedra' ".
>
> Jesus respondeu: "Dito está: 'Não ponha à prova o Senhor, o seu Deus' ".
>
> Tendo terminado todas essas tentações, o Diabo o deixou até ocasião oportuna (Lucas 4.1-13).

Alfred Edersheim, em sua obra clássica *The Life and Times of Jesus the Messiah* [A vida e a época de Jesus, o Messias], ajuda-nos a compreender que Jesus era o representante singular da perfeição moral de Deus, alguém que mostrou sua credibilidade tanto para representar o Pai quanto para proclamar sua revelação, ao suportar de maneira bem-sucedida a mais intensa batalha de tentação que se possa imaginar. Se ele era de fato uma pessoa moralmente perfeita — que também estava destinada a um dia governar uma forma perfeita de reino conhecida como Reino de Deus —, ele necessariamente deveria passar pelo teste de manter-se firme diante das mais atraentes alternativas à sua própria missão. Ele precisava validar sua autenticidade e seu direito de governar ao resistir à mais intensa forma de tentação com a qual o homem pode ser atacado. Ele deveria ser perfeito.

Edersheim afirma:

> É bem verdade que grandes ensinos bíblicos anteriores... devem ter apontado para a tentação e a vitória como as condições de grandeza espiritual. Não poderia ter sido de outro jeito num mundo que era hostil a Deus, nem em relação ao homem, cuja escolha consciente determina sua posição. Não haveria coroa de vitória sem luta anterior, e esta seria proporcional ao seu brilho; não haveria nenhum ideal moral sem um grande feito pessoal ou sem provação.[2]

Ele está certo. É isso. Para que o homem seja verdadeiramente grande, ele deve provar que pode reunir todos os seus recursos físicos, emocionais e espirituais para repelir um ataque contra suas convicções — uma investida tão convincente que uma pessoa menos disciplinada seria vencida pelo sutil convencimento da atração e sucumbiria. O líder de fato deve vencer a provação que ameaça fazê-lo cair antes que complete sua nobre viagem. Atalhos para a grandeza são oferecidos a todos nós. Regularmente recebemos promessas de alcançar nossos resultados usando meios mais fáceis e menos dispendiosos. Contudo, nada disso é verdadeiro quando a qualidade e a integridade estão em jogo.

Pedras preciosas e pérolas são formadas pelas grandes pressões que a natureza pode exercer. Já o vidro é moldado num momento, por meio da ação humana. No entanto, o vidro se quebra a uma simples dissonância, ao passo que um diamante é suficientemente forte para cortar o vidro que as mãos humanas produziram. As pedras preciosas da terra não possuem paralelo em sua beleza intrínseca. De fato, até mesmo seu valor singular se deve ao fato de que elas são difíceis de ser encontradas; poucas suportaram as pressões da terra, e um número ainda menor delas foi encontrado.

O mesmo acontece com a nobreza. Ela é formada ao suportarmos o peso de pressões estressantes muito maiores do que nós mesmos. Nenhuma pessoa nobre é jamais formada por uma vida de relativa facilidade e prazer. Foi isso o que aconteceu na vida de Cristo.

Nesse estágio inaugural de sua missão de vida (ministério), ele é confrontado por todos os poderes das trevas do mundo maligno — pelo próprio Satanás. E o resultado desse grande esforço é uma pessoa cujo valor singular ficou demonstrado a todos nós.

Não é um mero mortal

Se pudéssemos ver Jesus apenas como um homem por um segundo, gostaria de que você visse que existem duas forças trabalhando em sua vida. Uma delas é o poder de Deus na pessoa do Espírito Santo, que está trabalhando nele. A outra é o poder do mal na pessoa do demônio, que está trabalhando fora dele. Essas duas pessoas, ativas na vida de todo cristão verdadeiro, estão sempre em oposição uma à outra, por uma razão bastante óbvia.

Falando de maneira bem simples, o Espírito Santo é a presença viva e invisível de Deus. Aprendemos a partir das Escrituras que Deus é puro, perfeitamente santo, onipresente e concentrado de maneira inequívoca no bem. Deus não pode negar sua natureza

— o que seria uma contradição impossível —, e, assim, o Espírito Santo está sempre nos levando a ser bons e a fazer o bem. Se ele está dentro de nós (e as Escrituras nos dizem que, de fato, isso acontece com todo cristão),[3] então todos nós temos o poder de que necessitamos para tomar decisões em favor do bem moral.

Por outro lado, o Diabo, a antítese moral de Deus, é imoral, impuro e maligno. As Escrituras nos ensinam que o Diabo (do grego *diabolos*, "caluniador", "acusador") é um ser criado, com uma personalidade distinta que optou por se rebelar contra a autoridade de Deus. Ele voluntariamente escolheu investir contra os propósitos de Deus e, como resultado, Deus o baniu para uma existência de sua própria escolha — corrupta, tortuosa, maligna e privada da presença de Deus. O Diabo, Satanás ("que odeia", "inimigo", "adversário"), está agora ativamente engajado numa completa oposição a Deus. Sua estratégia é seduzir a humanidade para que o siga. Se "Deus é amor",[4] então Satanás é ódio. Se Deus é verdade,[5] então Satanás é mentiroso[6] e assim por diante.

Assim, esse espírito maligno que não é amigo de ninguém naturalmente concentrou todos os poderes malignos disponíveis a ele numa tentativa de destruir o plano redentor de Deus antes mesmo que ele tivesse início. Se Satanás pudesse seduzir e destruir Jesus, o Salvador da humanidade, então o propósito de salvação de Deus seria derrotado em seus fundamentos e toda a humanidade estaria perdida. Desse modo, o Diabo seria o vencedor.

É por isso que na passagem do evangelho de Lucas o Diabo está disposto a destruir Jesus. Ele quer deter o Filho de Deus antes que este dê início à missão de sua vida. Mas ele quer "passar uma rasteira" em Jesus de maneira sutil. Satanás vai abordar Cristo de acordo com suas necessidades, sua posição e seu propósito — do mesmo modo como ele faz comigo e com você.

Todo esse suspense espiritual nos leva ao nosso estudo atual da vida de Jesus.

O relato da luta de Cristo com o Diabo é fundamental para todo cristão. Ele mostra tanto a credibilidade do representante do Reino de Deus quanto um método que podemos empregar para obter sucesso similar contra a tentação que enfrentamos do mesmo adversário.

Perceba primeiramente nessa passagem que o Espírito Santo o levou a um tempo de tentação, e perceba que isso aconteceu no deserto, depois de um período de 40 dias de jejum. Jesus devia estar fraco e faminto, disposto a fazer qualquer coisa para conseguir uma refeição, você não acha? Felizmente, o Espírito de Deus estava com ele como uma companhia fortalecedora.

A partir desses versículos, você e eu podemos prontamente extrair alguns princípios verdadeiros para nossa própria defesa contra o Diabo.

Primeiramente, todo cristão enfrentará a tentação — não importa o quão maduro seja ou há quanto tempo viva na fé. Se o Diabo tentou Jesus, então você pode ter certeza de que nós também somos alvos. Mas todo cristão também terá a presença de Deus em cada momento de tentação e o poder de Deus para que passemos por ela de maneira bem-sucedida. Deus permitirá que cada um de nós seja tentado,[7] mas ele também fornece um escape, de modo que possamos ser capazes de suportar. De acordo com as Escrituras, só caímos em tentação quando desejamos e perseguimos aquilo que Satanás nos oferece, desprezando o que é certo. Quando fazemos isso, rejeitamos voluntariamente o escape de Deus, sendo vencidos pela atração da isca e de nosso desejo por ela.

Tiago, o meio-irmão de Jesus, revela alguma coisa desse desejo quando escreve:

> Quando alguém for tentado, jamais deverá dizer: 'Estou sendo tentado por Deus'. Pois Deus não pode ser tentado pelo mal, e a ninguém tenta. Cada um, porém, é tentado pelo próprio

> mau desejo, sendo por este arrastado e seduzido. Então esse desejo, tendo concebido, dá à luz o pecado, e o pecado, após ter se consumado, gera a morte (Tiago 1.13-15).

Perceba que ele diz que somos arrastados e seduzidos pelo nosso próprio mau desejo, nosso próprio anseio de obter, nossa ganância. A ganância é simplesmente desejo fora de controle. Pelo fato de Deus ter nos criado, todo desejo que sentimos tem um limite satisfatório que nos mantém dentro das fronteiras que Deus planejou para nós. Qualquer coisa além disso é um desejo doentio ou, em outras palavras, algo diferente daquilo que Deus deseja para nós.

Um comentarista bíblico nos ajuda explicando essa questão ao escrever:

> Quando a Bíblia diz "pelo próprio desejo", a palavra "desejo" significa simplesmente qualquer coisa que atrai você, qualquer coisa pela qual você tem um desejo intenso. Quando você deseja comida, isso é bom; mas, se você permitir que esse desejo por comida cruze a fronteira do autocontrole, você peca pela glutonaria. Todo e qualquer desejo é dado por Deus... Cada tentação sempre aprisiona um desejo dado por Deus e procura transformá-lo em pecado por meio de duas direções possíveis. Primeiramente, fazendo o desejo dado por Deus exceder seus limites normais, levando ao excesso. Segunda, impulsionando o desejo dado por Deus para encontrar satisfação nas "áreas fora do limite".[8]

Segundo, vemos de que maneira a tentação foi intensificada depois de um período de austeridade. Não existe nada semelhante a ficarmos sem alguma coisa, especialmente se é uma necessidade clara, para nos fazer mais suscetíveis à oferta de obtê-la. Satanás sabe disso e, portanto, esse é um de seus planos mais sedutores.

Eu, por exemplo, tento não fazer compras quando estou com fome, porque tenho a tendência de comprar mais comida do que preciso. Por quê? Porque meu sistema de defesa fica um pouco mais fraco quanto maior for minha fome. A mesma idéia se aplica a outras tentações. Se sua situação financeira está difícil, se você está mais faminto do que o normal por um fluxo de caixa tranqüilo, cuidado com os negócios que lhe são oferecidos e com os investimentos que você considera; é muito mais fácil cometer um erro. O mesmo é verdade no que se refere aos relacionamentos. Se você tem mais fome do que o normal por intimidade pelo fato de alguma coisa não estar indo muito bem em casa, então eu o aconselho a ter mais cuidado com as mulheres em seu escritório ou em suas viagens de negócios longe de casa. Existe suficiente natureza pecaminosa em todos nós para produzir desejo por coisas erradas, especialmente se você está em um tempo de seca espiritual. Portanto, precisamos nos conhecer, reconhecer nossas fraquezas, fugir das atrações e não flertar com nossos próprios apetites egoístas. Em vez disso, devemos estar vigilantes contra a sutil sedução de nosso adversário, o Diabo, e aplicar o poder de Deus à nossa situação para que experimentemos sua libertação. Essa é a única maneira de obtermos vitória, e foi exatamente isso que Jesus fez.

Preste atenção nas áreas nas quais ele foi tentado, assim como no seu método para obter a vitória. Eles são completamente aplicáveis a nós.

Preservação

Todos nós temos um desejo interior de nos darmos bem na vida, de sobrevivermos. Também estamos cientes dos componentes básicos da vida. Todos nós precisamos de comida, água, ar e afiliação ou relacionamento. Jesus sabia disso e o Diabo também, e é exatamente aqui que o teste começa. O Diabo pede a Jesus (tenta-o) que use seu poder divino a fim de recriar as pedras em volta dele, transformando-as em pão para satisfazer sua fome, por meio da autodeterminação. Essa é uma tentação bastante sutil. Num primeiro momento, parece bastante razoável — Cristo está com fome e ele tem o poder de mudar as coisas; por que não fazê-lo? Mas ele assumira um compromisso que impedia a autossuficiência e o processo independente de tomada de decisão. Ele tinha uma parceria com Deus Pai. Ele concordara em seguir a liderança do Pai. Ele não tinha permissão do Pai, além de que a tentação também era uma sutil insinuação de que seu Pai não estava tomando conta dele direito e estava indiferente nessa situação em particular. Jesus se recusaria a aceitar isso. Ele concordara em vir à terra para representar os interesses do Pai e estar em completa submissão à sua autoridade, ao seu plano e à sua agenda. Cristo seria o redentor de toda a humanidade. Aqui ele validaria seu direito a ser o Senhor da criação e o Rei entronizado — mas faria isso da maneira do Pai[9] e somente conforme o poder do Espírito Santo o capacitasse.

Assim, o teste não girava em torno de uma simples refeição, mas sobre quem estava no controle de sua vida. "O que o Pai celestial quer da minha vida neste momento? Ele é capaz de me sustentar de maneira plena, especialmente quando as coisas parecem tão desanimadoras?" Esse é o teste da preservação.

Todos nós vamos enfrentar a mesma decisão. Normalmente ela não é assim tão dramática, mas a questão é a mesma. Se você é cristão, então você tem um contrato com Deus para seguir sua liderança. Ele prometeu cuidar de você.[10] Você e eu devemos confiar em que Deus vai nos sustentar. Além do mais, foi ele quem fez a promessa, e não nós. Fazemos isso buscando sua fonte de provisão dentro dos parâmetros que ele estabeleceu para nossa vida. Se você tem um emprego de contabilista, Deus vai sustentar você dentro do papel de contabilista.

Mas o desafio vem quando ocorre algum evento inesperado, colocando em risco nosso bem-estar. É tentador entrar em pânico e implorar, pedir emprestado ou roubar para satisfazer nossa necessidade, tudo isso sem nem pensar ou considerar aquilo que Deus pode ter reservado para nós e como ele pode nos sustentar, guiar e instruir. De fato, é impressionante ver de que maneira, a partir de uma pequena oração e da paciência, nós podemos descobrir a saída de Deus, sem criar outro problema ao perseguirmos a solução errada — aquela que o Diabo coloca em nosso caminho.

No entanto, de onde tirei essa resposta? Do mesmo lugar que Jesus: da Palavra de Deus. As Escrituras são sempre a maneira pela qual nós derrotamos a tentação de nosso adversário, o Diabo. Saber aonde ir para obter a resposta depende de estudo pessoal ou de aconselhamento com um cristão piedoso. Mas a resposta está sempre ali. Lembre-se de que, uma vez que Deus não pode negar seus próprios atributos, então ele está obrigado, por sua própria reputação, a ser fiel a suas próprias declarações sobre como vai cuidar de nós.

Posses

A segunda tentação é tanto sutil quanto comum. Logo depois, o Diabo pediu a Jesus que, em vez de adorar a Deus, adorasse a ele. Naturalmente, existe uma barganha. O Diabo ofereceu um substituto para o plano do Pai, ou seja, de Jesus herdar o Reino. Em vez de seguir pela avenida de um redentor sofredor, Satanás ofereceu a Jesus uma alternativa mais fácil e conveniente: simplesmente adorá-lo em rebeldia a Deus. Jesus poderia conseguir o seu Reino sem qualquer dificuldade; ele só tinha que negar sua própria identidade e desviar o alvo de sua lealdade, não servindo mais ao Deus Criador e sim ao Diabo criado e corrompido. Nosso Senhor passou por isso também. A tentação foi sumariamente rejeitada tão rapidamente quanto fora lançada, quando Cristo mais uma vez citou as Escrituras, fornecendo tanto sua resposta como um equilíbrio moral para si mesmo.

Não posso deixar de ficar impressionado. Nesse aspecto, mais uma vez, vejo que muitos de nós são suscetíveis a essa forma de tentação. Quem entre nós não fez uma coisa errada para obter alguma vantagem temporária, alguma posse material ou uma posição? Para alguns, é roubar; para outros, é mentir. Alguns trabalham demais, ignorando esposa e filhos, para ganhar aquele pequeno extra com o objetivo de comprar aquele (você preenche o resto). Num nível bem baixo, essa é uma forma errada de adoração.

"Como assim?", você pergunta. Bem, se adorar é atribuir nossa mais elevada admiração, respeito e lealdade a uma coisa e subjugar todos os sentimentos, ações e pensamentos à sua perspectiva, então negar essa perspectiva é redirecionar alguma medida de adoração. Assim, se Deus nos chama para cuidar de nossa família como uma conseqüência moral de dirigir a ele nossa plena lealdade (adoração), então negar nossas famílias para obter um carro esportivo novo — ou qualquer outra coisa — é adorar a coisa errada. E adivinhe só quem forneceu essa alternativa amoral ou imoral? É isso mesmo, é o Diabo. Sem sequer perceber, nós simplesmente seguimos na direção diabólica. Isso deixa você um pouco irritado, não é? Não é como se você tivesse levado uma surra? Bem, todos nós fizemos isso.

O importante é reconhecer isso e ver de que maneira podemos impedir tais tropeços ao viver de acordo com a Palavra de Deus. Tal como Cristo, precisamos conhecer a Palavra de Deus e aplicá-la à nossa vida de maneira consistente. Às vezes significa esperar que Deus nos dê provisão de acordo com o tempo dele e pacientemente esperar até que ele o faça.

Presunção

A terceira e última tentação tem a ver com o risco. Depois de ver Jesus superar as tentações ao confiar na Palavra de Deus, o Diabo joga ao nosso Salvador uma bola cheia de efeito usando a própria Palavra de Deus para tentá-lo. O Diabo desafia Jesus a fazer uma coisa arriscada: pular do alto do templo para provar que a Palavra de Deus funciona.[11]

Nosso Senhor vê a interpretação errada que o Diabo fizera das Escrituras e cita outra passagem do Antigo Testamento para corrigir seu adversário. Jesus baseou sua decisão no princípio universal de que o ser criado não deve testar presunçosamente a lealdade do Criador.[12]

O Diabo aplicou a Escritura de maneira errada, mas Jesus notou o erro. Deus diz que vai nos proteger,[13] mas não diz que vai limitar as conseqüências de nossas ações quando elas violam uma verdade revelada. Em outras palavras, todos nós sabemos que a lei da gravidade revela a verdade de que todos os objetos caem no chão — assim, seria presunção pegar um versículo que diz que Deus vai nos proteger de tempos em tempos de acidentes inadvertidos e torcer isso para que signifique que ele vai nos capacitar a voar depois de pular do topo de um prédio alto.

Por incrível que pareça, às vezes fazemos exatamente isso. Pulamos de prédios — sem pára-quedas — quando entramos em compromissos financeiros dos quais realmente não podemos dar conta. Às vezes o risco está nas amizades que mantemos, crendo que podemos nos apegar a pessoas erradas e ir aos lugares errados e isso, por fim, não vai nos afetar. Às vezes assumimos o risco com um parceiro de negócios quando não temos claro diante de nós se compartilhamos dos mesmos valores. Às vezes colocamos nossos filhos em risco ao não dar atenção aos amigos deles, à sua forma de entretenimento ou ao acesso à Internet até que seja tarde demais.

Nosso Deus deseja nos prevenir quanto a cometer esses e outros tipos de erros. Ele nos deu ampla orientação e informação em sua Palavra, a Bíblia. Deus também dará avisos por meio de seu Espírito[14] durante todo o processo de tomada de decisão, bem como uma rota segura de escape.[15] Ele, porém, não nos resgata de decisões erradas ou de suas conseqüências até que tenhamos aprendido bem nossa lição: viver apenas de acordo com sua palavra.[16]

Portanto, Jesus passou por todas as provas e, agora, seu direito moral de nos conduzir foi validado e fortalecido. Mas e quanto a você e eu? Você sabe que somos assolados por várias tentações todos os dias. Alguns dias são piores que outros, mas toda tentação à qual cedemos nos enfraquece um pouco mais, enquanto que toda tentação que vencemos nos fortalece. Gosto muito do que um autor nos faz lembrar quando comenta:

> Algum dia, no futuro, você estará lutando com uma grande tentação ou tremendo debaixo de uma grande tristeza na sua vida. Mas a luta real acontece aqui e agora... agora está sendo decidido se, no dia da sua suprema tristeza ou da sua tentação, você fracassará terrivelmente ou terá uma gloriosa vitória. Não se molda o caráter senão por meio de um processo consistente e contínuo.[17]

Suponho que o *impeachment* do presidente Clinton foi o ato final de um longo drama de permissividade sexual. Sua queda diante do desejo de satisfazer sua luxúria terminou por prendê-lo. Embora isso não tenha mudado sua posição profissional, creio que o fez no aspecto histórico. Ele sempre será lembrado por seus fracassos pessoais e morais, em vez de por seus significativos feitos políticos.[18]

O resultado é que, embora a maioria dos norte-americanos não fosse favorável ao *impeachment*, poucos admiram seu caráter. Infelizmente, o legado que ele deixa será maculado por essa mancha de indiscrição moral.

Tenho certeza de que, assim como eu, você quer ser lembrado por vencer a tentação e viver acima da mediocridade moral da nossa geração. Uma vez que queremos isso, temos que ser vigilantes para superar as seduções de nosso mundo permissivo e os desejos inerentes à nossa natureza pecaminosa. Certamente devemos aprender a reconhecer a realidade e as estratégias do Diabo e a sermos cuidadosos com nossos apetites, especialmente nos momentos de austeridade. Em especial, precisamos ser estudiosos das Escrituras, de modo que possamos tanto conhecer quanto usar a verdade de Deus para nos guiar por meio do deserto das influências que competem em nossa vida. Então, e somente então, Deus será a verdadeira fonte de nossa segurança à medida que lutamos com as questões da preservação, das posses e da presunção.

Que você possa encontrar em Cristo a força moral para permanecer firme.

3

Missão

Agindo com um propósito

LUCAS 4.14-30

Fui inspirado recentemente pela vida de Nelson Mandela. Algumas semanas atrás, não sabia praticamente nada sobre ele, a não ser que tinha recebido aclamação mundial como líder do movimento anti-*apartheid*. Agora, depois de ler uma breve biografia de Mandela, fiquei impressionado com seu imenso senso de propósito. Ele ficou preso por quase trinta anos por sua resistência à segregação e ao racismo na África do Sul. Mandela, uma figura sempre controversa, ganhou o prêmio Nobel da paz de 1993 por seu papel no estabelecimento de uma democracia de inclusão em sua terra natal. Foi o ponto crucial do processo ao qual ele havia se dedicado por praticamente quatro décadas.

Embora seja uma personagem controvertida, o que me inspira é que sua vida exibiu uma dedicação incansável a certos valores que ele considerava invioláveis. Como resultado, Mandela organizou todos seus hábitos pessoais para garantir o progresso rumo ao seu objetivo maior: democracia para todos os sul-africanos.

Nelson Mandela é conhecido por sua disciplina, pontualidade, ênfase na educação, energia sem limites e integridade pessoal. Um autor faz o seguinte comentário:

> Os anos na prisão reforçaram hábitos que já estavam fortalecidos: o regime de alimentação disciplinado como o de um atleta começou na década de 1940, bem como os exercícios matinais. Ainda hoje, Nelson Mandela acorda às 4h30 da manhã, independentemente do quão tarde tenha trabalhado no dia anterior. Às 5h ele já iniciou sua rotina de exercícios, que dura pelo menos uma hora. O café da manha é tomado às 6h30, momento em que lê os jornais do dia e começa a trabalhar. Com um dia normal de trabalho de pelo menos doze horas, gerenciamento do tempo é algo fundamental para ele. Nelson Mandela é extremamente impaciente com atrasos, o que considera um insulto para aqueles com quem se está lidando.[1]

Esse homem é um indivíduo concentrado. Isso me desafia. Mas há uma característica sobre sua liderança que se coloca acima das demais. Depois de anos na prisão, um ambiente que consumiria a confiança de homens comuns, Mandela ainda teve a resolução interior e a confiança de perseguir seu sonho de uma sociedade integrada e de um governo democrático na África do Sul. Esse senso de propósito, expresso por todas as suas disciplinas pessoais, levou a uma estratégia que garantiu uma democracia bem-sucedida para os negros num governo sul-africano conduzido por brancos. Assim, em 1994, quando ele tomou posse como o primeiro presidente eleito democraticamente na África do Sul apenas quatro anos depois de ter sido libertado da prisão, o reconhecimento do senso de propósito de Mandela estava sacramentado.

Essas são as características que inspiram. Pessoas com propósito e disciplina incansável são o tipo de pessoa que sou motivado a seguir. Esse é o tipo de liderança que eu também quero mostrar, não porque eu queira ficar resmungando e suspirando como um levantador de peso estafado pelo peso da vida, mas porque não quero me desviar dos objetivos valiosos e ser bloqueado por adversários que me impeçam de atingir o que é melhor para mim e para os outros. Sou inspirado pelas pessoas que sabem aonde estão indo na vida e por que o fazem. Também estou determinado a ter um senso de direção em minha própria vida; ao que parece, outros sentem a mesma coisa.

Bill Walton, famoso ex-jogador norte-americano de basquete, falou em favor de Bill Bradley, candidato democrata à presidência dos Estados Unidos, num evento para angariar fundos em Boston em 1999, durante a campanha de Bradley. Fiquei surpreso com a maneira admirável como Walton falou de seu antigo oponente. Ele exaltou a liderança de Bradley na quadra, seu senso natural de como vencer, sua confiabilidade e sua perseverança. Bill Walton tinha muita consideração pelo senador Bradley e estava preparado para segui-lo, de modo que disse à platéia que se sentia privilegiado por dar um entusiasmado apoio à tentativa do senador de tornar-se o próximo presidente dos Estados Unidos.

As pessoas seguem aqueles que possuem senso de propósito, que demonstram um foco direcional inato que não apenas guia seu caminho, mas que também testa todas as opções e oportunidades que o líder encontra. Ao olhar para um líder nato, você verá que toda decisão é tomada levando em conta qual valor uma opinião ou uma oportunidade agregaria ao propósito geral do líder. Se o valor é mínimo comparado com outras opções, ela será rejeitada tão certamente quanto uma opção contraditória o seria. O líder definitivo entende os custos e as conseqüências de suas decisões, mas as aceita como um custo necessário pelo privilégio de perseguir um objetivo maior.

Não é fácil encontrar hoje um homem de influência com determinação, autodisciplina, visão e coragem para buscar seus objetivos com franqueza. Mais raro ainda é o homem que tem uma sólida base bíblica para seus objetivos e um senso de comissionamento vindo de Deus para os objetivos de sua vida.

Felizmente ainda temos o modelo de Jesus. Não conheço ninguém que seja mais concentrado, possuidor de princípios, determinado e altruísta. Não é surpresa que ele ainda inspire seguidores tanto tempo depois de sua morte. Sua sabedoria, compaixão, integridade, dedicação e realizações não possuem paralelo. Ele continua a inspirar milhões a perseguirem objetivos similares. Alguns o fazem ao custo de suas próprias vidas.

Quando considero os ingredientes básicos para ser um seguidor de Cristo, ser um homem do Mestre, percebo que uma das qualidades mais fundamentais é um senso de propósito divino. Seguir a Cristo significa do mesmo modo ter um senso de que Deus deseja que você persiga um certo curso na sua vida. Jesus conhecia muito bem seu propósito. Ele foi biblicamente inspirado, e tudo o que disse ou fez girava em torno da busca fiel daquele objetivo. Seu propósito deu-lhe um senso de direção, confiança, coragem e satisfação. Quem poderia querer mais na vida? Quem poderia esperar mais de um modelo?

David Rockefeller disse certa vez que "a principal função de um executivo de ponta é estabelecer o propósito da organização".[2] Nosso Senhor fez exatamente isso, como registra Lucas no quarto capítulo de seu evangelho.

> Jesus voltou para a Galiléia no poder do Espírito, e por toda aquela região se espalhou a sua fama. Ensinava nas sinagogas, e todos o elogiavam.
>
> Ele foi a Nazaré, onde havia sido criado, e no dia de sábado entrou na sinagoga, como era seu costume. E levantou-se para ler. Foi-lhe entregue o livro do profeta Isaías. Abriu-o e encontrou o lugar onde está escrito:
>
> "O Espírito do Senhor
> está sobre mim,
> porque ele me ungiu

para pregar boas novas
aos pobres.
Ele me enviou
para proclamar liberdade
aos presos
e recuperação da vista
aos cegos,
para libertar os oprimidos
e proclamar o ano da graça
do Senhor."

Então ele fechou o livro, devolveu-o ao assistente e assentou-se. Na sinagoga todos tinham os olhos fitos nele; e ele começou a dizer-lhes: "Hoje se cumpriu a Escritura que vocês acabaram de ouvir".

Todos falavam bem dele, e estavam admirados com as palavras de graça que saíam de seus lábios. Mas perguntavam: "Não é este o filho de José?".

Jesus lhes disse: "É claro que vocês me citarão este provérbio: 'Médico, cura-te a ti mesmo! Faze aqui em tua terra o que ouvimos que fizeste em Cafarnaum' ".

Continuou ele: "Digo-lhes a verdade: Nenhum profeta é aceito em sua terra. Asseguro-lhes que havia muitas viúvas em Israel no tempo de Elias, quando o céu foi fechado por três anos e meio, e houve uma grande fome em toda a terra. Contudo, Elias não foi enviado a nenhuma delas, senão a uma viúva de Sarepta, na região de Sidom. Também havia muitos leprosos em Israel no tempo de Eliseu, o profeta; todavia, nenhum deles foi purificado — somente Naamã, o sírio".

Todos os que estavam na sinagoga ficaram furiosos quando ouviram isso. Levantaram-se, expulsaram-no da cidade e o levaram até o topo da colina sobre a qual fora construída a cidade, a fim de atirá-lo precipício abaixo. Mas Jesus passou por entre eles e retirou-se (Lucas 4.14-30).

A organização que Jesus fundou foi a igreja, ou seja, o cristianismo. Por todo o registro de sua vida você o vê executando a missão de vida que objetivava o estabelecimento de um grupo de seguidores dedicados que, por sua vez, perpetuariam a mesma missão. Em nenhum lugar ele declara seu propósito mais resumidamente do que nessa passagem das Escrituras. Ao fazê-lo, ele também nos mostra um pouco da resposta que cristãos com o mesmo pensamento podem esperar do público em geral. Vamos começar olhando para os primeiros dias de sua profissão, por assim dizer.

Início positivo, sucesso inicial

Tal como muitos de nós que estão dando os primeiros passos na carreira, Jesus experimenta um certo grau inicial de sucesso e afirmação. Pense nos caminhos de sua carreira. Como a maioria das pessoas, você provavelmente foi conduzido pelo aspecto vocacional, de acordo com seus dons e o sucesso alcançado pela expressão desses dons. O mesmo aconteceu com Jesus. Perceba como seu início foi nobre. Ele começou a obra de sua vida cheio da presença e do poder de Deus.

A propósito, os cristãos de hoje têm a mesma presença de Deus para capacitar sua vida. Deus promete habitar em nós também quando aceitamos a Cristo como nosso Salvador. Tendo realizado isso, Deus também nos capacita, nos ensina e nos lidera, de modo que também possamos alcançar seus elevados ideais.[3]

Note também que o homem que persegue sua profissão, à medida que Deus o direciona e o capacita, é um homem que ganha a atenção de outros. Assim foi com Jesus. Assim será com você.

A ocupação de nosso Senhor era a de um professor itinerante. Sua vocação era pregar. Era isso que ele fazia. Se ele fosse contador, tenho certeza de que ele teria feito a contabilidade das pessoas com precisão e realizado o trabalho com habilidade, integridade e competência. O fato é que ele realizou suas tarefas de professor de maneira tão excepcional que suas realizações profissionais foram divulgadas por toda a região por seus cidadãos (Lucas 4.14,22). A maioria de nós adoraria ter a mesma notoriedade entre os nossos clientes. Somos gratificados quando pessoas reconhecem nosso esforço e elogiam nossas habilidades. A fama pode nos ajudar a crescer financeira e profissionalmente. De modo geral, a pessoa que se dá bem em seu primeiro cargo é rapidamente promovida. Talvez seu contrato seja renegociado e ela receba a oportunidade de assumir maiores responsabilidades em favor da empresa. Com a promoção, surgem as armadilhas do sucesso: um escritório maior, sua própria secretária, maior flexibilidade sobre sua agenda, possibilidade de gastar mais, roupas mais bonitas e uma maior perspectiva de se juntar a outros figurões com o objetivo de se aproximar ainda mais de clientes potenciais que podem ajudar sua empresa e você mesmo a avançar ainda mais na escalada do sucesso. À medida que se suplantam as barreiras que impedem outros de alcançarem grandes feitos, é preciso ter cuidado. Existe uma sutil tentação no sucesso da carreira.

A partir do exemplo de Cristo, consigo reunir três perigos de desvio. O perigo mais comum do sucesso inicial na carreira é *permitir que o sucesso suba à cabeça* e você comece a dançar conforme a música do sucesso, em vez de seguir o plano original. Ao enfrentar esse perigo nós rapidamente nos esquecemos de nossa missão mais importante. Cegos pela nova atenção e talvez inflados por um novo senso de confiança, repentinamente passamos a crer que a missão é dar continuidade ou aumentar o aplauso. Começamos a nos concentrar mais em fazer nossa audiência feliz e menos em cumprir nossa tarefa original. Vagarosamente — de maneira sutil num primeiro momento, mas de modo significativo — estabelecemos o desejo de agradar os outros como uma definição de sucesso e nos desviamos de nosso objetivo inicial.

Com que freqüência temos visto essa tragédia ocorrer na vida de um jovem atleta, de uma estrela de cinema ou de uma pessoa de negócios que, depois de um ano ou mais debaixo dos holofotes, vê-se então ocupada dando autógrafos, fazendo discursos, recomendando produtos ou aceitando homenagens, coisas que logo farão com que a pessoa seja envergonhada por uma performance ruim, trazida por essas distrações que visam ao prazer pessoal. Não deixe que isso aconteça com você. Desfrute de seu sucesso, mas sempre pese a aclamação e as recomendações em função de seu compromisso original, e não hesite. Lembre-se de que a vida é uma maratona, não uma corrida de 100 m rasos. Não saia correndo atrás do coelho como os cães de corrida, mas avalie como isso se relaciona ao cumprimento de seu propósito original, como isso afeta seu plano de longo prazo.

Proclamar o evangelho, convidar à participação

A seguir, vemos Jesus voltando para casa enquanto Lucas move nossa atenção para o centro dessa passagem. Depois do sucesso inicial de seu ministério, ocorrido após seu batismo, a tentação no deserto e o esforço preliminar de ensino, Jesus volta para apresentar a obra de sua vida à sua antiga vizinhança. No versículo 16, Lucas cita a cidade natal de Jesus e dá uma pista sobre a razão de esse homem ter um senso de equilíbrio tão bom. Sua ponderação estava baseada em seus hábitos pessoais e em sua disciplina, chamada de "costume" nessa passagem.

E qual era esse costume? Quando leio os versículos 17-20, posso concluir que ele possuía diversos elementos: 1) familiaridade com as Escrituras; 2) comparecimento regular ao culto religioso juntamente com outros cristãos devotos e 3) familiaridade com

Deus, que guia cada vida. Deixe-me ver se consigo recuperar tudo isso.

Note que, como era sua prática, ele foi à sinagoga para adorar. Perceba que quando lhe é dado o rolo — o grande objeto de papel enrolado no qual estavam escritos versículos das Escrituras do Antigo Testamento — ele foi capaz de encontrar uma passagem específica para ler. Além do mais, depois de citar os versículos, ele anuncia confiantemente que aquilo se aplicava a ele. Isso é surpreendente. Fico impressionado. Assim ficou a multidão. Mas por quê? Porque é realmente raro um homem que pode colocar-se de pé na frente de seus colegas e daqueles que o conhecem melhor e anunciar em termos inequívocos a convicção sobre a razão de sua vida. Mais raro ainda é o homem que pode anunciar as bases de sua vida a partir de um texto específico das Escrituras.

Sou inspirado por um senso de direção claro e confiante, um senso ousado de propósito. Isso não inspira você? Quero saber aonde esse tipo de pessoa está indo e por que o faz. Acho que sou motivado a seguir a agenda daquela pessoa se ela for mais grandiosa e significativa do que a minha.

Ao examinarmos a citação que Jesus usou, recebemos uma pista para identificar a missão de sua vida. Aonde ele estava indo? Seu objetivo era sair e ir à comunidade para satisfazer as necessidades das pessoas feridas e proclamar o fato de que a libertação de Deus fora providenciada para seu benefício. Por quê? Porque o Espírito de Deus se movera com tal força em seu coração que ele não poderia fazer qualquer outra coisa e, ainda assim, sentir a mesma satisfação e senso de realização. Cristo veio para contar às pessoas as boas-novas do amor de Deus por elas e sua provisão pessoal para pagar a pena por seus pecados. Ele proclamou uma mensagem sem igual de que Deus estava fornecendo a oportunidade para que as pessoas tivessem um relacionamento renovado e íntimo com ele mesmo.

Cristo veio para fornecer ajuda prática para os feridos ao curar os doentes, restaurar a vista aos cegos e dar mobilidade aos paralíticos, bem como pureza aos imorais e emancipação para todos aqueles que estavam afligidos pelo fardo do pecado.

Cristo veio para declarar a nós, presos, que as celas estavam abertas, que as grades foram removidas e que os guardas desapareceram. Pela vinda de Cristo, somos agora libertos de nossa escravidão ao pecado e livres para desfrutar um relacionamento com Deus por meio dele. Não é essa a melhor notícia que você já ouviu? Você não acha que as almas aflitas e atormentadas deste mundo deveriam pular de alegria ao ouvir a perspectiva de tal mudança de situação?

Não é de admirar o fato de que ele era apaixonado e concentrado. Você pode pensar que qualquer pessoa o aplaudiria e o seguiria, mas você está errado. Depois de um rompante inicial de entusiasmo, o povo começou a questionar suas credenciais. As pessoas o viram crescer. Elas conheciam sua família. Estavam familiarizadas com a gravidez suspeita de sua mãe, o emprego modesto de seu pai e a falta de uma educação formal de Jesus. Que credenciais são essas? Quem era ele para pregar para nós? Quem era ele para liderar? Assim, questionaram sua autoridade em voz alta.

Isso nos leva ao segundo perigo de desvio, que é *afastar-se do senso de missão por causa da intimidação.* A maioria de nós já experimentou rejeição. Já ficamos embaraçados em algum ponto da vida. Você se lembra de estar na sala de aula, levantar a mão com vontade e dar uma resposta errada? Você se lembra do arrepio que sentiu quando seus erros foram imediatamente destacados pelas risadas de seus colegas de classe? Você quis se enfiar num buraco, não é? Ou então já foi pego cantando no seu carro e parou porque o motorista ao seu lado estava encarando você? Nós realmente nos importamos muito com a maneira como as pessoas nos vêem, não é mesmo? A indústria de cosméticos é prova disso. Verdadeiramente protegemos aquilo em que cremos até que tenhamos certeza de que estamos em companhia amigável e que não seremos ridicularizados ou rejeitados por aquilo que dizemos ou sentimos.

Creio que Jesus conhecia seus vizinhos. Ele estava familiarizado com seus hábitos, expectativas, preconceitos e simpatias. Qual unionista com a cabeça no lugar, por exemplo, tentaria repudiar a ridicularização da escravidão para um grupo de confederados durante o calor da guerra civil norte-americana? Bem, foi exatamente isso que Jesus fez aqui. Ele disse coisas que abalariam o *status quo*. Israel queria ser liberto de Roma, e eles acreditavam que o poder militar era a resposta. Eles não estavam interessados em sonho espiritual algum anunciado por um carpinteiro sem formação. "Veja só, que audácia daquele homem." Mas Jesus disse isso mesmo assim. Ele falou porque isso era o certo. Ele tinha essa intenção porque ela era verdadeira. Ele já sabia, a partir da própria história judaica, que essa nação tinha uma tendência de desprezar a provisão sobrenatural de Deus durante momentos de dificuldade; assim, com confiança, ele deixou que sua mensagem apaixonada seguisse adiante. Ele não se importou com o fato de que alguns espectadores pudessem desaprovar sua pregação.

E quanto a você? Você tem a confiança necessária para ser apaixonado por sua causa em favor de Cristo? Os contabilistas podem ser apaixonados por Jesus e pela graça libertadora de Deus para os pecadores. O mesmo pode acontecer com engenheiros, professores, motoristas de caminhão e médicos, assim como com qualquer outro tipo de pessoa que você possa citar. Infelizmente os intolerantes querem manter sua posição e o *status quo*. Se eles não puderem derrubar você por meio da gozação, eles o farão por meio da intimidação — ou pior, pela força.

Provar a questão, identificar o problema

Note que, depois de Jesus ter lembrado a multidão de sua tendência a desprezar os profetas de Deus, ela ficou muito irada. As pessoas não gostam de serem julgadas como erradas quando o certo significa que elas precisam lidar consigo mesmas.

Você já notou que as pessoas preferem mascarar seus erros unindo-se a malfeitores da mesma natureza? Suponho que o ditado "cada qual com seu igual" também se aplica às intenções. Compreendo os sentimentos deles. Francamente, fico com o coração partido ao ver pessoas rejeitarem de maneira tão ignorante a única coisa que pode ajudá-las. A miséria gosta de companhia, eu suponho, e coletivamente eles dão força um ao outro e motivação para estragar mais um dia. Mas fale com elas sozinhas, permita que elas contem sua história e logo o gelo derreterá, o seu cerne mole aparecerá e elas vão dizer a você quão miseráveis elas têm se sentido, achando que Deus não se importa realmente com elas. Além do mais, elas já foram "ruins por muito tempo". Felizmente podemos dizer-lhes que sim. Você pode ser um atrapalhado, mas Deus ainda se importa com você, ama-o, perdoa e esquece. É por isso que ele enviou Jesus. Ele o enviou para aquelas pessoas e para nós. Ele veio para abrir a cela que prendia seus corações duros e para deixá-las livres para correrem na direção dos braços renovadores de Deus. Com uma mensagem incrível assim, nosso Mestre não poderia ser dissuadido pelos desinformados.

O mesmo também deveria acontecer com você. Jamais se deixe atrapalhar por seus detratores. Lembre-se da situação deles, do que eles procuram proteger e de seu medo daquilo que ainda não conhecem. Mas também tenha cuidado, porque, como um grupo, eles podem atacar você e fazer com que você se cale.

Isso leva ao nosso terceiro perigo de desvio: *reagir à crítica e mudar nossa missão.* Não faça isso. Não seja um tecladista de restaurante que muda seu estilo de música para agradar a audiência.

Tenha coragem de fazer o que você sabe que é certo. Tenha coragem de dizer aquilo que você sabe que é verdadeiro. E tenha coragem de continuar. Jesus fez isso. Perceba a força especial, bem como a maravilhosa libertação que Deus lhe deu quando eles tentaram eliminá-lo ao querer jogá-lo do precipício. Eles queriam tirar de suas vidas todo vestígio daquilo que ele representava. Ele lhes deu o que eles queriam ao ser fiel ao seu próprio senso de propósito. Ele partiu. Contudo, perceba as palavras do versículo 30. Que caminho tomou? Será que ele foi persuadido a seguir o caminho deles? Não, ele seguiu seu próprio caminho. Triste para eles, pois perderam sua única esperança de ter uma vida significativa. Felizmente para nós, pois Jesus nunca deixou de perseguir a direção que Deus lhe havia confiado até que sua missão estivesse completa.

Sei que ele chama seus seguidores a fazerem a mesma coisa, mas será que faremos? Antes de concluir esta seção, considere duas razões pelas quais a questão de se ter um propósito geral é importante. A primeira é *tomar decisões.* Não importa qual seja a questão — casamento, filhos, carreira, localização geográfica da residência, estilo de vida, escola — se você alinhar suas decisões com sua missão, elas vão conduzir você de maneira agregada e cumulativa rumo ao seu alvo. A segunda é *fazer diferença.* Se você investir tempo, energia, talentos e uma rede de amigos na direção de seu objetivo singular, então as experiências de sua vida vão capacitar você a otimizar os feitos de sua vida para que tenham um impacto máximo de acordo com seu propósito.

E como sabemos qual é o nosso propósito? Bem, sugiro que você tente o processo a seguir. Você pode ter uma boa idéia de seu propósito ao olhar para o caminho de sua vida e ver onde você foi um sucesso, o que você fez que lhe trouxe respeito e apreciação dos outros e aquilo que anima seu coração. Ou seja, qual é sua paixão? Agora pegue essa informação e veja se você pode detectar um padrão. Se puder, você provavelmente terá um senso imediato de confirmação. Então, ore sobre essa questão, pedindo a Deus que confirme isso em seu coração e que sele o senso de propósito ao dar a você paz interior. Pegue a lista de qualidades, desejos e realizações e escreva um primeiro rascunho de uma declaração de missão, tentando em especial destilar a informação até chegar ao resultado mais amplo que você procura alcançar em tudo o que faz.[4]

Finalmente, você deve perguntar a alguns amigos próximos ou a membros de sua família se essas qualidades e a declaração resultante parecem representar você de maneira precisa. Se eles concordarem, você deve ter certeza, pelo menos agora, de qual é sua direção geral. Se eles adicionarem questões legítimas, então integre essas questões em sua auto-análise e declare novamente seu propósito de acordo com isso.

Esse exercício pode exigir várias tentativas e pode ser que não se aperfeiçoe em vários anos, mas será muito útil para ajudá-lo a identificar o que você deve fazer na vida. Mais tarde, pode ser que Deus lhe dê um versículo das Escrituras que pareça resumir sua paixão. E, armado com esse tipo de reforço direcional divino, você encontrará uma nova confiança para procurar os objetivos de sua vida.[5]

Agora que temos um senso sobre aonde devemos ir, creio que temos uma boa chance de chegar lá. Não posso pensar numa maneira melhor de saber que acabarei bem do que começar com esse final em minha cabeça. E você?

4

Solidão

O tempo de silêncio necessário

Lucas 4.31-44

Você se lembra da hora da soneca na pré-escola? Eu não gostava de diminuir o ritmo quando era pequeno e não gosto de fazê-lo hoje também. Contudo, o que minha mãe sabia naquela época era um princípio que precisamos aprender hoje: ninguém pode caminhar a plena velocidade indefinidamente sem explodir ou, pior ainda, sem machucar os outros. Em seu livro *When I Relax I Feel Guilty* [Sinto-me culpado quando relaxo], Tim Hansel nos dá a seguinte advertência:

> Muitos de nossos pecados são causados pela pressa e pelo descuido. Não importa quão bom seja nosso propósito: um homem obcecado ainda é um escravo. Ele não pode agir livremente, com ponderação, com amor [...]. Mentes calmas, firmadas na tranqüilidade, recusam-se a ficar perplexas ou a ser intimidadas. Elas são como um relógio numa tempestade, o qual, ainda assim, continua marcando seu próprio ritmo.[1]

Ele está certo. Se um homem não é cuidadoso, a excitação de alcançar ou fazer alguma coisa termina sendo eclipsada pelo desânimo da perda de motivação e de direção. O dr. Richard A.

Swenson, em sua maravilhosa obra sobre o equilíbrio intitulada *Margins*, dá-nos outros lembretes úteis:

> A atividade constante é uma característica de nossa era. Se não estamos ativos, nós nos sentimos preguiçosos. Se não somos produtivos, nós nos sentimos culpados [...]. Não estou dizendo que a produtividade seja uma coisa errada. Estou apenas dizendo que ela não deve ser idolatrada [...]. Em nossa cultura, o trabalho freqüentemente domina outras áreas da vida. É preciso deixar claro que o trabalho é bastante importante. Contudo, outras atividades são ainda mais importantes.
>
> As pessoas que trabalham duro e descansam pouco naturalmente chegam ao topo, de onde elas conduzem todo o sistema de trabalho. Elas estabelecem as regras, as quais maximizam a produtividade. Até mesmo o amor e os relacionamentos ficam no fim da lista. Um pouco de descanso não consegue achar um espaço tranqüilo em sua agenda...
>
> Quando estou emocionalmente exaurido, a primeira coisa que faço é ficar quieto e sozinho, além de procurar uma chance de não fazer nada. Não me sinto culpado, pois o tempo improdutivo é tão importante quanto o tempo de produção. Ando de bicicleta a toda velocidade e, se fico muito cansado, minha energia retornará em breve. Tudo o que preciso é de um pouco de tempo em silêncio.[2]

Um outro grupo de médicos adiciona seu apoio à necessidade de descanso ao comentar sobre o *burnout* e a personalidade Tipo A:

> Uma das definições mais comuns de *burnout* o descreve como uma perda de entusiasmo, energia, idealismo, perspectiva e propósito. Ele pode ser visto como um estado de exaustão mental, física e espiritual, provocado por estresse contínuo.
>
> Quanto de personalidade "Tipo A" você possui?

> A classe médica define uma personalidade "Tipo A" como alguém que é orientado pelo tempo e que parece nunca ter tempo suficiente. Esse indivíduo tende a ser competitivo e a se preocupar com o sucesso, um *workaholic*, alguém que freqüentemente faz duas coisas ao mesmo tempo.
>
> É importante que a pessoa de personalidade Tipo A reduza o ritmo, relaxe e coloque as prioridades na ordem correta. As personalidades Tipo A tendem a se movimentar, caminhar e comer rápido. Uma vez que as pessoas do Tipo A normalmente vivem a vida de acordo com uma agenda — uma agenda apertada —, elas precisam rearranjar essa agenda para incluir um tempo de relaxamento, um tempo com o Senhor.[3]

Devo muito a esses homens. Vários anos atrás, vi-me caminhando a plena velocidade tocando uma profusão de projetos, todos de coisas que eu amava. Além de minha agenda ministerial normalmente cheia, eu supervisionava o planejamento e a construção da casa de nossos sonhos. Também estava engajado em dar início a um ministério evangelístico na cidade e a escrever outro livro. Sem perceber, eu estava me dirigindo rapidamente para o desastre. Estava muito atordoado. Minha cabeça pesava o tempo todo. Eu ficava em pé à custa de café, remédios para dor de cabeça e antiácidos. Dormia o mínimo possível, e o estresse provocado pelas coisas que davam errado me fazia optar por me manter num estado constante de ira fumegante. Depois de praticamente desmaiar algumas vezes e descobrir uma dormência em meu braço esquerdo, finalmente fui ao médico, um amigo meu e membro de minha igreja.

O dr. Jones me disse que eu era um forte candidato a um infarto ou a um derrame. Ele me repreendeu educadamente, disse para eu perder um pouco de peso e me deu a receita de um remédio há muito necessário: uma semana de férias com minha família. Não estou brincando! Eu não conseguia me lembrar da última vez que havíamos tirado um fim de semana juntos — sete anos talvez? Esse tempo de trabalho excessivo estava pondo minha vida literalmente em risco — eu, um atleta fervoroso, um homem que gostava de sair, que nunca ficava doente e que me orgulhava de meus feitos realizados num ritmo alucinante.

Graças à minha esposa, ao meu médico e aos autores que citei, obtive a ajuda de que precisava para realinhar minha perspectiva com a realidade e restaurar algum equilíbrio e, por fim, alguma saúde em minha vida. Eu não achava que o vício em trabalho excessivo e a resultante saúde debilitada pudessem acontecer comigo. Mas a busca por alguns maravilhosos objetivos ministeriais, o desenvolvimento de uma nova organização, o planejamento e a construção de nossa nova casa e o vício em adrenalina diante de todos esses esforços me levaram à beira do desastre e me ensinaram algumas lições importantes. Descobri que o lado ruim do sucesso é o estresse, um estresse que vai crescendo imperceptivelmente à medida que aumentamos gradualmente nossa responsabilidade de acompanhar as demandas sempre crescentes de nosso trabalho.

Pense em alguns profissionais realizados. Eles chamam nossa atenção. Por um lado, eles nos inspiram a buscar o auge da realização pessoal que não sonhávamos ser possível. Por outro lado, reconhecemos seus dons singulares e percebemos que, na realidade, não podemos copiá-los, e assim os aplaudimos e seguimos adiante.

Isso acontece em todos os níveis e estratos da sociedade. Não importa onde você está nem aonde você quer chegar: sempre existe alguém abaixo de você — mais jovem, menos experiente, menos talentoso, que olha para você, que aprecia você, que segue seu exemplo, que empurra você mais para frente. É gratificante, mas também é cansativo. Esse é o sutil perigo do sucesso e da realização. Você nunca termina. As pessoas sempre querem mais e, quanto mais você faz, mais elas exigem de você.

É aqui que nos identificamos com Jesus nesta passagem. Veremos aqui um Jesus bem-sucedido, ocupado, requisitado, seguido e considerado. O sucesso de seu ministério aumentara as exigências de seu serviço e alguma coisa precisava ser deixada de lado — até mesmo pelo Filho de Deus.

> Então ele desceu a Cafarnaum, cidade da Galiléia, e, no sábado, começou a ensinar o povo. Todos ficavam maravilhados com o seu ensino, porque falava com autoridade.
>
> Na sinagoga havia um homem possesso de um demônio, de um espírito imundo. Ele gritou com toda a força: "Ah!, que queres conosco, Jesus de Nazaré? Vieste para nos destruir? Sei quem tu és: o Santo de Deus!".
>
> Jesus o repreendeu, e disse: "Cale-se e saia dele! !". Então o demônio jogou o homem no chão diante de todos, e saiu dele sem o ferir.
>
> Todos ficaram admirados, e diziam uns aos outros: "Que palavra é esta? Até aos espíritos imundos ele dá ordens com autoridade e poder, e eles saem!". E a sua fama se espalhava por toda a região circunvizinha.
>
> Jesus saiu da sinagoga e foi à casa de Simão. A sogra de Simão estava com febre alta, e pediram a Jesus que fizesse algo por ela. Estando ele em pé junto dela, inclinou-se e repreendeu a febre, que a deixou. Ela se levantou imediatamente e passou a servi-los.
>
> Ao pôr-do-sol, o povo trouxe a Jesus todos os que tinham vários tipos de doenças; e ele os curou, impondo as mãos sobre cada um deles. Além disso, de muitas pessoas saíam demônios gritando: "Tu és o Filho de Deus!". Ele, porém, os repreendia e não permitia que falassem, porque sabiam que ele era o Cristo.
>
> Ao romper do dia, Jesus foi para um lugar solitário. As multidões o procuravam, e, quando chegaram até onde ele estava, insistiram que não as deixasse. Mas ele disse: "É necessário que

> eu pregue as boas novas do Reino de Deus noutras cidades também, porque para isso fui enviado". E continuava pregando nas sinagogas da Judéia (Lc 4.31-44).

A mesma coisa acontece com você. Você não pode fechar a torneira sem ferir seus clientes, sua reputação e seu progresso vocacional. Mas você precisa fazer isso de qualquer maneira, ou terminará perdendo toda sua força e será forçado a parar de vez por causa do *burnout.* Portanto, você precisa sair de debaixo da torneira silenciosamente para um breve período de descanso. É o custo do sucesso. Reconheça isso e conforme-se a essa situação. Você não vai diminuir o ritmo mais tarde, por isso você precisa descansar quando pode.

Como podemos manter nosso equilíbrio no ocupado ritmo do sucesso? Primeiramente, mantendo nosso foco em nossa missão. Mas é preciso alguma coisa mais. Precisamos ficar mais perto do centro de nossa vida.

Quando tinha sete ou oito anos de idade, morava perto de uma escola primária abandonada. Era um lugar fantástico para brincar. As salas de aula estavam trancadas e fechadas com tábuas — ótimo, quem precisava delas? Mas os brinquedos do parquinho estavam intactos. Foi um agradável presente para os meninos da vizinhança. A melhor peça do equipamento no jardim era o gira-gira (que alguns chamam de carrossel). Era uma peça bruta de metal soldado, um piso, hastes para segurar e um eixo central ao redor do qual ele girava. Era movido a criança. Todos nós nos revezávamos girando aquele aparelho para nossos amigos. Eles subiam, seguravam nas hastes, e nós corríamos ao lado, empurrando o mais forte que podíamos. O ponto alto que desejávamos atingir era girar aquela coisa tão rápido que uma criança ou duas caíssem, atiradas ao chão, ou talvez até que alguém ficasse enjoado e vomitasse. As crianças maiores gostavam da vibração e do desafio de se sentar no brinquedo, esticar os braços e ficar o mais para fora possível, experimentando a máxima força G. Os menores eram ensinados a parar de gritar indo vagarosamente para o centro do carrossel. Descobrimos que, quanto mais perto do centro você ficava, maior era a estabilidade, independente do quão rápido aquela coisa estivesse girando.

Esse ainda é um princípio importante para o homem do Mestre. Senhores, quanto mais rápido vai sua vida, mais concentrado você também deve estar em seu centro, caso queira sobreviver — isso sem dizer prosperar. E quem ou o que é o centro de sua vida? Não é seu time favorito de futebol nem mesmo sua família. Certamente não é sua carreira e não deveria ser o churrasco com os amigos. É Deus. Ele criou você. Ele lhe dá vida, saúde e felicidade. Ele guia e sustenta, protege e corrige. Ele é o centro de sua vida. Tudo gira em torno dele, assim como os planetas e fazem em torno do sol.

Freqüentemente, porém, esquecemos — ou pelo menos negligenciamos — esse fato. Devido ao divertimento de nossa cavalgada ou ao completo pânico por causa de sua velocidade, persistimos nessa vida sem nunca diminuir o ritmo o suficiente para estabilizar. Precisamos descansar e tomar fôlego ao nos aproximarmos do centro, de Deus. É hora de usarmos a física em nosso benefício. É hora de usarmos o bom senso. É hora de realinhar nossas atividades em torno da segurança daquele centro perfeito. Se você não está convencido de que devemos fazer isso, uma breve passagem das Escrituras nos mostra como essa questão era importante para nosso Senhor.

Até mesmo o Homem Perfeito, Jesus, via a necessidade de renovar seu relacionamento com o Pai para que pudesse ser bem-sucedido em suas responsabilidades terrenas. Se Cristo precisava de uma recalibração, de descanso e da renovação que vêm com a solidão, creio que precisamos disso ainda mais.

Deixe-me usar a palavra *solidão* para englobar o conceito de realinhamento com Deus. Não é comum Deus gritar para chamar nossa atenção. É mais comum ele sussurrar.[4] E, por princípio, seu sussurro necessita de tempos de quietude para que você possa ouvir sua voz. Quanto mais barulhenta, louca e rápida for sua vida, menor será a chance de você ouvi-lo. O único recurso que você tem é afastar-se das atividades para um lugar de solidão, um lugar mais calmo. Ali você pode oferecer suas preocupações a ele em oração e tornar-se receptivo para ouvir a orientação que ele tem para você por meio de sua Palavra. Nosso Senhor era um Mestre nessa disciplina. Vamos ver como ele agia. Permita-me mostrar-lhe o dia mais ocupado na vida de nosso Salvador de que se tem registro.

O texto de Lucas 4.31-44 é um trecho relativamente pequeno das Escrituras, mas de grande agitação. Em catorze versículos curtos, vemos cerca de 20 horas de um dia na vida de Jesus. Veja os detalhes juntamente comigo.

Antes de mais nada, nós o vemos na sinagoga, adorando. É sábado, um dia santo de descanso, conforme prescrito por Deus e transmitido por Moisés nos Dez Mandamentos. Se você é como eu, esse é aquele dia no qual não desejo nenhuma interferência externa. Não quero intromissões do trabalho que interrompam meu descanso, meu repouso e meu futebol, por favor. Mas Cristo não se dava a esse luxo. No meio do sermão, um homem louco se levantou e fez a maior cena. Na verdade, ele estava possuído por um demônio que lançou um desafio formidável para a comunidade dos crentes. O homem falou alguma coisa para Jesus que parecia difamar sua intenção no ministério, mas nosso Senhor, com toda a autoridade da Trindade, simplesmente expulsou aquele deplorável intruso da pessoa e mandou o bando de demônios sair, enquanto enviava ondas de choque de surpresa sobre toda a audiência. Aqui, nosso Senhor, como Messias e Salvador, demonstra a autoridade e o poder que eram inerentemente seus como Deus. Foi uma impressionante mostra da piedade de Deus para com a humanidade sofrida, ao mesmo tempo em que combatia o ataque de um enviado de nosso adversário, o Diabo.

Vamos fazer uma pausa para destacar um princípio importante. Todos vocês, homens, são homens de influência em um determinado grau. Vocês certamente são professores em seu lar, e muito de vocês são líderes nos negócios, na política, no ministério e em outras situações. Tal como aconteceu com Cristo, sua autoridade será desafiada por outros. Admiro o homem que pode mostrar misericórdia para aqueles que estão abaixo dele, embora tais pessoas aborreçam-no com seus ataques. Contudo, em algum momento, devemos exercer nossa autoridade por meio da disciplina correta ou, caso contrário, as coisas desmoronam. Tal como Cristo, isso deve ser feito com poder. Precisamos disciplinar (sem severidade) nossos filhos, repreender empregados que cometem erros e nos posicionar firmemente contra aqueles que promovem o mal em nossa sociedade. Isso não é engraçado. Pode ser difícil, mas em algum momento isso é necessário, caso contrário, não teremos autoridade alguma. Vamos descobrir que não somos chefes de nada.

Vamos voltar para o texto. A adoração na sinagoga já havia acabado e era hora do almoço na casa de Simão. Contudo, quando chega o distinto convidado, ele depara com um outro assunto que precisa de sua atenção antes que possa comer. A sogra de Simão está doente e pedem a Jesus que a atenda. Desse modo, Jesus espontaneamente trata dela, e sua cura é tão completa que ela é capaz de reassumir imediatamente suas atividades como anfitriã, fazendo com que a refeição prossiga normalmente.

Contudo, agora uma multidão começa a se reunir à porta, pedindo ainda mais tempo e atenção de Jesus. Lucas registra que esse terceiro pedido dos serviços profissionais de nosso Senhor durou pelo menos até a noite. Como sabemos disso? Por dois motivos. Primeiro, porque era o sábado judaico. Pela lei judaica, as pessoas eram proibidas de viajar longas distâncias. Os judeus contavam o tempo de maneira diferente da dos romanos, cuja contagem nós adotamos. Em vez de um novo dia começar exatamente depois da meia-noite, o dia judaico se estendia das 6h da tarde até às 5h59 da tarde do outro dia, ou de pôr-do-sol a pôr-do-sol. Segundo, uma vez que a cura não podia começar senão em algum momento após o pôr-do-sol, e percebendo o volume de pessoas assim como o fato de que Cristo estava "impondo as mãos sobre cada um deles", podemos imaginar que já era bem tarde quando ele entrou.

Você já teve um dia assim? Ele começa suficientemente normal, mas todas as expectativas de normalidade são destruídas à medida que surge uma crise depois da outra e você é o único que pode lidar com cada uma delas. Antes que você perceba, já é quase noite e você nem sequer conseguiu chamar aquilo tudo de dia. Sim, eu sei que, devido às suas responsabilidades, alguns de vocês vivem assim dia após dia. É assim que acontece com os bem-sucedidos. Quanto mais você faz, mais pedem para você fazer. Não demora muito e a fadiga, a frustração e talvez até mesmo o fracasso chegam.

Jesus sabia como interromper essa espiral descendente. Ele se movia para mais perto do centro de seu carrossel. Ele se aproximava de Deus, ficando sozinho com ele. Para Jesus, isso acontecia de manhã bem cedo,[5] e perceba que isso não demorava muito. E quanto a nós? Se somos muito ocupados, será que pelo menos vemos a necessidade de um tempo assim para reflexão espiritual com nosso Salvador, do mesmo modo que o Mestre via a necessidade de passar um tempo com o Pai? Se realmente vemos a necessidade, estamos reservando esse tempo? Nem que seja um pouco de tempo?

Também percebo que nosso Senhor reservava o tempo que tinha e o aproveitava. Naquele dia, não foi um período de quatro horas de oração, mas ele pelo menos reservou um tempo. Quero que você se anime com isso. Creio que essa passagem reconhece que não é realista pensar que nós, homens, vamos sempre conseguir reservar uma grande quantidade de tempo sem interrupção, sentados calmamente diante do Senhor, ponderando sobre o significado da vida. Você vai conseguir fazer isso em alguns dias, mas na maior parte das vezes não o fará. Creio que a mensagem desse texto é reservar um tempo com o Senhor, e a única maneira de fazer isso é separar um tempo para ele, por mais breve que possa ser, devido às inevitáveis interrupções. A ocupação não é desculpa para não termos um relacionamento com Deus. Ainda devemos mantê-lo como nossa fonte primária de energia e o foco para nossa vida. Devemos fazer o que for preciso para reservar um tempo com ele todas as vezes que pudermos, seja no carro, enquanto estamos no caminho para o trabalho ou para um compromisso, antes que os outros membros da família levantem ou à noite, quando todos já foram dormir.

Vejo nessa passagem o mesmo tipo de flexibilidade e determinação modelados pelo Mestre. Antes que sua agenda tomasse todo seu dia, ele fez um breve momento devocional com seu Pai. Depois de tudo, ele deu prosseguimento às suas responsabilidades profissionais de acordo com sua missão. Isso me motiva. Sei que minha vida sai do controle e agora sei como assumir o controle de novo. Preciso de algum tempo com Deus, algum tempo em oração, algum tempo lendo as Escrituras, algum tempo durante o qual não serei distraído nem interrompido. Preciso de um pouco de solidão, mesmo que ela seja breve. É bom saber que isso funciona.

Não sei quanto a você, mas para mim o período da manhã é o melhor. Mas quer esteja em casa, no carro, no caminho para o trabalho ou de volta em casa quando a família já foi para a cama, certifico-me de que terei um pouco de tempo com Deus para restaurar meu equilíbrio ao me mover para o centro. Aprendi também, anos atrás, que a página de esportes e a de negócios falavam mais alto do que minha Bíblia e, então, cancelei a assinatura do jornal da manhã, ciente de que eu tinha um forte concorrente de meu precioso tempo espiritual, que era a primeira coisa de que eu precisava pela manhã. Sou capaz de me informar sobre os esportes e os negócios na hora do almoço.

Pode ser que esse plano não funcione para você, mas sei que é melhor que você tenha algum tipo de tempo com seu Salvador durante o dia. Existem muitas ferramentas úteis disponíveis para uma devocional diária que podem fornecer alguma estrutura que ajude você a fazer isso. Sugiro que você procure algo pequeno, prático e relevante que tenha um versículo das Escrituras e talvez um comentário relacionado ao texto, assim como uma pequena oração, no mínimo.

À medida que encerramos nosso estudo neste capítulo, considere comigo estes lembretes sobre a importância da solidão. Primeiramente, ela é necessária para o sucesso. Segundo, Satanás vai ameaçá-la. Terceiro, ela deve ser buscada com interesse. Como resultado, você encontrará na solidão um antídoto para o estresse.

Por fim, uma última nota. Nesses últimos três estudos, notamos três estratégias específicas que Satanás usa para impedir que sejamos homens de Deus. A primeira provação é a tentação (capítulo 2), como notamos nas tentações de nosso Senhor no deserto. A segunda é o problema dos críticos e dos cínicos (capítulo 3), que vimos nos esforços do Mestre para expressar sua missão ao povo de sua cidade natal. Neste capítulo, vimos a terceira estratégia que Satanás usa para impedir que sejamos homens de Deus: o sucesso e as exigências que vêm com ele.

O sucesso é uma coisa muito excitante, mas a única maneira de podermos manter os pés no chão é ficarmos longe de seu volume e de sua velocidade. Podemos fazer isso mantendo nossos olhos concentrados no centro de nossa vida: o centro de nosso universo, o Senhor Jesus Cristo.

5

Equipe

Recrutando o time certo

LUCAS 5.1-11

Não torci sempre para o Dallas Cowboys. Cresci em Los Angeles e, portanto, os Rams eram meu time. No início, eles dominavam os Cowboys, mas não demorou muito para que começassem a perder constantemente para Dallas — especialmente em jogos importantes. Roger Staubach e Cia. passavam por cima de Roman Gabriel e Cia. com regularidade. Então, mudei-me para Dallas no início da década de 1980. Viver na cidade natal do inimigo não foi fácil, mas aos poucos me converti. Por quê? Não foi porque o Dallas Cowboys continuou ganhando. De fato, no primeiro ano de Troy Aikman a contagem era de 15 a 1. A razão de eu ter mudado minha lealdade foi a solidariedade e a integridade da equipe. Uso a palavra solidariedade no sentido de que os homens que dirigiam a organização formavam uma equipe. Com o termo integridade quero dizer que o homem da liderança, a pessoa de frente, o técnico, era um homem que não comprometia seus valores. O proprietário Clint Murchison, o gerente geral Tex Schramm e o técnico Tom Landry eram uma equipe muito bem azeitada e sua destreza conjunta permeava toda a equipe, o escritório, os outros treinadores e os jogadores. Como resultado de sua unanimidade e de seu propósito único, os Cowboys tornaram-se um time de ponta. Assim, eles ganharam meu respeito e minha admiração. Anos mais tarde, tive o privilégio de trabalhar na diretoria da *Fellowship of Christian Athletes* [Comunidade de Atletas Cristãos] de Dallas com o então diretor, o técnico Landry. Sua excelência e sua habilidade como técnico eram evidentes ali também. Nós também éramos uma equipe unida, concentrada e com um mesmo pensamento.

Que tipo de gente Jesus está procurando para segui-lo? Acho que está procurando pela mesma coisa: homens que estejam dispostos a se submeter à sua liderança, compartilhar de sua visão, captar sua paixão e integrar suas habilidades em um todo na direção da realização de um único e significativo objetivo: a renovação espiritual do mundo.

Que características Jesus procurava? Quais eram seus métodos de recrutamento? Creio que a próxima seção das Escrituras nos fornece pelo menos parte da resposta. O texto de Lucas 5.1-11 revela o convite que ele fez a Pedro, Tiago e João para se tornarem seus seguidores. Mais tarde, outros nove seriam chamados, por meio dos quais ele começaria a mudar o mundo.

> Certo dia Jesus estava perto do lago de Genesaré, e uma multidão o comprimia de todos os lados para ouvir a palavra de Deus. Viu à beira do lago dois barcos, deixados ali pelos pescadores, que estavam lavando as suas redes. Entrou num dos barcos, o que pertencia a Simão, e pediu-lhe que o afastasse um pouco da praia. Então sentou-se, e do barco ensinava o povo.
>
> Tendo acabado de falar, disse a Simão: "Vá para onde as águas são mais fundas", e a todos "Lancem as redes para a pesca".
>
> Simão respondeu: "Mestre, esforçamo-nos a noite inteira e não pegamos nada. Mas, porque és tu quem está dizendo isto, vou lançar as redes".

> Quando o fizeram, pegaram tal quantidade de peixes que as redes começaram a rasgar-se. Então fizeram sinais a seus companheiros no outro barco, para que viessem ajudá-los; e eles vieram e encheram ambos os barcos, ao ponto de começarem a afundar.
>
> Quando Simão Pedro viu isso, prostrou-se aos pés de Jesus e disse: "Afasta-te de mim, Senhor, porque sou um homem pecador!". Pois ele e todos os seus companheiros estavam perplexos com a pesca que haviam feito, como também Tiago e João, os filhos de Zebedeu, sócios de Simão.
>
> Jesus disse a Simão: "Não tenha medo; de agora em diante você será pescador de homens". Eles então arrastaram seus barcos para a praia, deixaram tudo e o seguiram.

Em sua obra clássica *The Master Plan of Evangelism*, Robert Coleman nos dá um importante *insight* sobre os métodos de Cristo para recrutar e transformar em líderes os homens que ele havia chamado. As palavras de Coleman são dignas de serem repetidas aqui.

> O que é mais revelador sobre esses homens é que, num primeiro momento, eles não nos impressionam como homens-chave [...] por qualquer padrão de cultura sofisticada, seja da época ou de agora, eles certamente seriam considerados um punhado qualquer de almas. É de se pensar como Jesus pôde usá-los. Eles eram impulsivos, temperamentais, ofendiam-se com facilidade e tinham todos os preconceitos de seu ambiente. Em resumo, aqueles homens escolhidos pelo Senhor para ser seus assistentes representavam uma boa parcela da sociedade daqueles dias [...] Contudo, Jesus viu naqueles homens simples o potencial de liderança para o Reino. Eles de fato eram "homens comuns e sem instrução" de acordo com os padrões do mundo (At 4.13), mas eles se permitiram ser ensinados [...] O que talvez seja mais significativo em relação a eles era seu sincero

> anseio por Deus e as realidades da vida dele [...] aqueles homens estavam procurando por alguém que os liderasse no caminho da salvação. Tais homens, maleáveis na mão do Mestre, poderiam ser moldados numa nova imagem — Jesus pode usar qualquer um que deseja ser usado [...] Jesus dedicou a maior parte do restante de sua vida na Terra a esses poucos discípulos. Ele literalmente colocou neles os fundamentos de todo seu ministério. O mundo poderia ser indiferente para com ele, mas ainda assim não derrotaria sua estratégia.[1]

Como Cristo chamou aqueles homens? Ele usou um processo bastante simples. Ele os selecionou pessoalmente do meio da multidão conforme detectou as qualidades que ele poderia nutrir para que chegassem à maturidade. Ele percebeu naqueles homens as qualidades necessárias para representá-lo. Vamos descobrir essas qualidades juntos, à medida que extraímos os detalhes relevantes desse texto.

Nosso relato se inicia em um lago chamado Genesaré, localizado no distante norte da Palestina, na região onde Jesus cresceu. Sua base de operações era uma cidade chamada Cafarnaum, à beira do lago, de modo que é bem provável que ele não estava longe dali quando começa nossa narrativa.

Cristo estava ensinando quando uma multidão de ouvintes curiosos começou a se formar. Seria provavelmente o meio da manhã, uma vez que o texto revela que os pescadores acabavam de voltar de uma pescaria que durara a noite toda. A hora é deduzida pelo fato de que os homens estavam lavando suas redes antes de guardá-las como preparação para o trabalho da noite seguinte.

Qualquer pessoa que já esteve num lago sabe de que maneira a água amplifica o som. Por diversas vezes enquanto estava pescando, eu podia ouvir claramente toda a conversa de pessoas na margem, a vários metros de distância. Uma vez que a multidão está crescendo gradualmente em número e Cristo deseja que todos ouçam claramente, ele decide usar a amplificação natural do lago e pregar de um barco. Para sua felicidade, ele percebe os pescadores por perto e solicita sua ajuda, pedindo seu barraco emprestado. Nosso Mestre decide usar o barco como uma plataforma aquática de pregação. O pescador concorda, embora esteja ocupado e, sem dúvida, cansado. Por quê? Por acaso Jesus disse alguma coisa que tenha provocado seu interesse? Será que o jeito de Jesus era tão tocante que ninguém poderia recusar um pedido sincero de sua parte? Quem sabe? Mas um fato é certo: essa não foi a primeira vez que esses dois homens haviam se encontrado.

O evangelho de João nos informa que Simão,[2] o pescador da nossa história, já havia passado anteriormente um dia com Jesus.[3] Parece que o irmão de Simão era seguidor de João Batista e, juntos, eles estavam procurando pelo Messias de Deus. O profeta João ouviu que ele reconheceria o Messias pela aparição de uma pomba pousando sobre uma pessoa que viria para ser batizada. Lembre-se de que vimos essa cena no capítulo 1. Quando chegou o dia de Cristo dar início ao seu ministério, submetendo-se ao ritual do batismo, João viu a pomba pousando sobre Jesus. Ele sabia, portanto, que Jesus era o Messias e informou seu discípulo André que havia chegado "o Cordeiro de Deus, que tira o pecado do mundo" (João 1.29). João o apontou a André e a outro discípulo que estava por perto. Esses discípulos foram então apresentados a Jesus e passaram o dia com ele. No dia seguinte, André levou Simão, seu irmão, para se encontrar com Jesus, e eles passaram o dia todo juntos também. Foi durante essa visita que Jesus mudou o nome de Simão para Pedro. Aparentemente, Simão Pedro voltou para seu trabalho como pescador, pois, na ocasião seguinte, vemos esses homens juntos no lago, depois do aprisionamento de João Batista por Herodes.[4] Isso aconteceu pouco antes de João Batista ser decapitado.

Tendo recentemente mudado para o mar da Galiléia, vindo do rio Jordão, Jesus vai até André e Pedro, Tiago e João, e os convida a segui-lo. Cristo menciona nesse momento que pretende modificar suas ambições profissionais. Eles podem continuar pescando, mas Cristo deseja que eles pesquem pessoas, e não peixes. Contudo, parece que o relacionamento ainda não está solidificado, pois vemos Simão, Tiago e João de volta ao trabalho no lago (Lucas 5.10). Passamos aqui à história de seu terceiro encontro.

Sendo assim, pergunto mais uma vez: Por que Jesus pediu a Pedro e por que Pedro consentiu? Creio que, pela primeira vez, Jesus estava dando ao pescador uma oportunidade de ajudar na obra do ministério e a fazê-lo de tal maneira que fosse bem-sucedido. Jesus pediu a Pedro que o ajudasse por meio de algo que ele sabia fazer. Pedro estava familiarizado com o equipamento, estava na posição de emprestá-lo e entendeu a necessidade prática do pedido. Cristo simplesmente pediu para usar o barco de Pedro tendo os fortes pescadores no remo.

Essa, creio eu, é nossa primeira pista para o tipo de homem que Jesus estava procurando para segui-lo. Esta fase introdutória engloba um período de percepção, no qual o homem pode conhecer Jesus sem qualquer risco para seu estilo de vida atual no caso de Jesus não ser bem-sucedido. Essa fase inclui algum tempo juntos e, sem dúvida, uma troca de informações. Certamente Pedro estava avaliando as palavras de Jesus enquanto ele pregava, e creio que Jesus estava testando Pedro para ver se ele o ajudaria de acordo com seu estado atual de habilidade e recursos. Em outras palavras, o homem era confiável? Jesus investiria alguma coisa no desenvolvimento da relação? Pedro se engajaria por tempo suficiente para conhecer a Cristo?

Tendo completado o teste, Cristo aplica uma segunda prova. Ele pede a Pedro para ter fé. Jesus pede a Pedro para arriscar-se a sofrer o fracasso e a humilhação ao confiar nele para fazer o impossível — até mesmo o ridículo. Jesus pede a Pedro para voltar para o lago e pescar mais uma vez.

Precisamos entender o que estava em jogo aqui. Pedro, aquele pescador veterano e experiente, que ganhava a vida por ser conhecedor dos peixes e das melhores condições de pesca, ouviu o pedido de um professor de religião, um homem que não era pescador, para que fosse pescar na pior hora possível do dia. Os pescadores haviam jogado a rede no mar da Galiléia (ou seja, Genesaré) à noite, quando a água é mais fria e os peixes sobem à superfície para morder as iscas. Ninguém pescava ao meio-dia, a hora mais quente, quando os peixes vão mais para o fundo, para as águas mais frias. Se eles não conseguiram pegar peixe algum à noite, na hora mais vantajosa do dia, que chances eles tinham agora? Também tenho certeza de que Pedro estava cansado por ter trabalhado a noite toda. Talvez ainda mais preocupante tenha sido o fato de que todos os seus vizinhos e colegas estavam em pé na praia, vendo seus esforços inúteis.

Mas Pedro fez uma coisa impressionante: ele tentou. Ele concordou com o pedido de Jesus, ainda que com alguma hesitação. Contra seu próprio julgamento, ele remou até o meio do lago e jogou as redes. É claro que ele não fez isso antes de informar ao nosso Senhor o quão irracional era tudo aquilo. Mas ele fez assim mesmo. E aqui reside a segunda característica que nosso Mestre está procurando nos homens: estamos dispostos a confiar nele? Estamos dispostos a nos arriscar tentando fazer as coisas do jeito dele?

A maioria de nós tem dificuldade de confiar em Cristo. Primeiramente, temos que superar a barreira intelectual de que ele realmente é Deus. Então, temos que superar a barreira do ego, a de que precisamos de seu perdão pela graça e que não podemos consegui-lo por meio de esforço. Em seguida, temos que superar o obstáculo pragmático do desejo de cuidar de nós mesmos. Afinal de contas, somos instruídos, experientes e temos um histórico que apóia a idéia de que sabemos muito bem como cuidar de nossa vida.

Conduzi um estudo bíblico numa oficina de construção de carros de corrida que participam da Nascar Winston Cup. A reunião acontecia na região norte da cidade de Charlotte, na Carolina do Norte, nos escritórios da Dale Earnhardt Inc. Até sua morte recente, Dale era dono do carro número 1, do nº 8 e do nº 15 da Winston Cup, além do carro nº 3 da categoria Busch Grand National. Havia uma ansiedade em estar ali, porque todos os funcionários daquela empresa eram profissionais experientes. A maioria deles não tinha qualquer pretensão religiosa ou acadêmica. Eles se importavam apenas com aquilo que funcionava e, uma vez tendo encontrado o que dava certo, imediatamente tentavam imaginar como poderiam fazer tudo ainda melhor.

Nunca me esquecerei de um estudo quando perguntei "quem cuida de você?". Sem nem piscar, um dos rapazes disse: "Eu. Se eu não fizer isso, ninguém o fará". Todos os rapazes balançaram a cabeça em concordância. O que se seguiu foi uma acalorada discussão sobre o fato de que Deus cuida de você e, se ele não o fizesse, nós evaporaríamos em catástrofes incontroláveis e insuperáveis. Ele controla o clima da Terra, o ar que eu respiro, a batida de meu coração e, por meio de sua soberania, meu trabalho. Também, por meio de sua generosidade e a facilitação de meu empregador, ele provê meu salário e assim por diante.[5] Certamente temos a responsabilidade da instrumentalidade. Ou seja, Deus usa nossa diligência, nossa fidelidade e nosso esforço, mas, ainda assim, sem ele, não poderíamos fazer coisa alguma.[6]

Teologicamente, seu cuidado e seu controle são absolutamente verdadeiros, mas, no aspecto prático, normalmente pensamos que educação, habilidade, experiência e esforço é que garantem o bem-estar. Como resultado, é realmente difícil confiar em Deus nas questões práticas do dia-a-dia, especialmente quando você percebe que ele está pedindo que você faça alguma coisa diferente do jeito como você normalmente age. Mas devemos tentar, porque isso significa que estamos confiando nele e confiança (ou seja, fé) é a única maneira de ser bem-sucedido na vida cristã. É preciso fé para ser salvo,[7] e é preciso fé para ser bem-sucedido em agradar a Deus.[8] Sendo assim, a fé é um ingrediente crucial para um homem que deseja seguir a Jesus.

Mas qual é a aparência dessa fé? Ela aparece no modo bíblico de gerenciar seu dinheiro, diferentemente de fazê-lo pelos padrões de crédito de hoje.[9] Significa amar sua esposa e viver com ela de uma maneira compreensiva, em vez de criticá-la, diminui-la ou ignorá-la.[10] Significa criar seus filhos biblicamente[11] e dar atenção à personalidade singular de cada um[12] em vez de criá-los da maneira como você foi criado. Significa ser honesto nos negócios quando a trapaça parece funcionar melhor e o capacita a alcançar seus objetivos mais rapidamente. Fé significa estar disposto a entrar no fogo e suportar a carga de fazer tudo o que é certo enquanto espera pelos resultados, porque você crê que aquilo que Deus disse é verdadeiro e que, no final das contas, os caminhos de Deus valerão a pena. Confiança significa saber que você vai se dar bem, muito embora você não consiga ver a saída agora.

Esse é o tipo de homem que Cristo está procurando como seu seguidor: um homem que reconheça que Cristo é a autoridade suprema, que o Mestre tem todo o poder para realizar aquilo que se propõe a fazer. Portanto, quando pede que você faça alguma coisa, ele sabe quem ele é e você precisa obedecer. A fé reconhece que Jesus tem os meios para realizar aqueles resultados, e ele está olhando para você para fornecer o método. O Mestre quer que você seja um homem que reme o barco a partir do qual ele cria um milagre na sua vida.

Como esse tipo de fé atrai você? Se as pessoas nas margens do mar da Galiléia riram de Pedro no início, certamente não riram no fim. O texto nos diz que aquela fé ridícula deu a ele uma tamanha abundância de bons resultados que foi preciso chamar reforços para puxar a grande carga de peixes.

Isso nos leva à terceira qualidade de um seguidor de Cristo, que é a reverência. A palavra significa respeito, ser capaz de apreciar a superioridade de alguém muito maior que nós mesmos. Lucas escreve que, ao ver Cristo fazer o impossível e o inacreditável, Pedro foi tocado por sua indignidade de estar na presença daquele que é tão poderoso. Pedro espontaneamente confessou sua natureza indigna e ajoelhou-se diante de Jesus em adoração.

Creio que a fé e a reverência caminham de mãos dadas. É difícil confiar em alguém que você não respeita. Do mesmo modo, se o respeita, você vai confiar nele porque sabe (crê) que ele não vai desapontá-lo.

Como você está nessa questão? Você crê que Jesus é Deus? Se crê, está disposto a confiar nele? Você vai fazer o que ele disser?

Provavelmente a maneira mais fácil de testar a si mesmo nessa questão é colocar em prática as coisas que você já sabe que ele deseja que você faça. Se você não sabe muito sobre ele, simplesmente leia o Novo Testamento e comece a aplicá-lo em sua vida. Garanto que Jesus vai tratá-lo como Pedro. Ele vai pegar a sua existência comum e transformá-la em algo incrível. O pior dia de pesca — ou de trabalho, ou de vida — com Jesus é muito superior ao melhor dia sem ele. Ele tem o poder de transformar sua vida. Ele pode fazer o incrível. Ele pode pegar uma vocação normal e transformá-la em algo espetacularmente útil para seus propósitos divinos, assim como fez com Pedro naquele dia.

A propósito, gosto muito da resposta de Cristo à reverência. Perceba suas palavras no versículo 10: "Não tenha medo". Cristo não recusou a reverência (adoração) de Pedro. Nem disse que ela era inadequada. Não, ele a aceitou porque a merecia. Ele a merece de nós também. Mas não vai nos punir por nossa humanidade. Cristo é muito realista. Ele sabe que falhamos. Ele percebe que somos imperfeitos; é por isso que veio para nos salvar. Mas igualmente empolgante é o fato de que ele nos aceita como somos. Ele não está tentando nos intimidar com seu poder, nem age com a manipulação da rejeição. Ao contrário, está tentando nos inspirar com sua magnificência para fazer com que creiamos nele. Cristo deseja elevar a efetividade da alegria em nossas vidas realizando coisas incríveis por meio de nós.

Conheço um homem em Dallas, nascido em Galveston, Texas, num lar destruído pelo alcoolismo, que diria para você hoje, mais de 25 anos depois que Cristo o libertou de tudo aquilo, que ele está maravilhado com o que Cristo está fazendo por meio dele no âmbito financeiro, profissional, filantrópico e relacional. Norm Miller disse-me diversas vezes o quão abençoado — embora indigno — ele é e como foi e tem sido bom confiar em Cristo. A vida de Norm é turbinada por Deus em favor de Cristo. E Cristo quer que todos nós experimentemos do mesmo modo sua plenitude espiritual.[13]

Tudo isso nos leva à quarta e última característica dos seguidores de Cristo. Eles são dedicados. Jesus disse àqueles homens que eles deixariam de pescar peixes (que logo morrem), para pescar homens vivos (que é a tradução literal da frase em grego usada no texto de Lucas). Como assim? Cristo quer pegar sua existência humana por inteiro e transformá-la em algo voltado para o eterno. Em outras palavras, independentemente do que você faça por vocação, socialmente, como lazer etc., Cristo deseja elevar o propósito dessas coisas para estender sua influência para a eternidade.

Você pode ter um trabalho secular, mas Cristo deseja usá-lo para um efeito eterno. O Mestre deseja homens que, no exercício de sua profissão, percebam como podem usá-la para influenciar pessoas a olharem para o céu. Devemos trabalhar, viver e brincar de uma maneira tal que influenciemos os outros a notarem nosso Salvador, de modo que possam gravitar ao redor dele. Cristo deseja que homens e mulheres vivam, não que morram.

Toda atividade tem um período de vida curto, mas, se essas atividades são exercidas de uma maneira tal que o propósito mais elevado de nosso Mestre seja revelado, que uma parte de seu amor e de sua verdade seja expressa, então descobriremos que a nossa maneira de viver velha e morta (igual à daqueles peixes que os homens pescam) será transformada num modo de viver que gere vida.

Somente Deus é capaz de pegar um pescador e fazer dele um transformador do mundo como fez com Pedro. Grande parte do Novo Testamento foi escrita sobre Pedro ou por ele mesmo, o qual se tornou um grande líder da igreja primitiva, tudo porque ele, relutante, mas disposto, confiou que Cristo podia fazer o impossível.

Não deixe que sua situação atual, que os erros do passado ou os temores do futuro tirem seu ânimo de confiar em Cristo. Não é preciso muita fé para ver grandes resultados — apenas fé suficiente para tentar, para jogar suas redes para mais uma pescaria. A característica singular que vai ajudar você durante um período de provação, de teste e de triunfo é a dedicação. Cristo está procurando homens que aceitem esse convite, que deixem de lado os velhos hábitos e o sigam com resolução.

O Mestre não nos dirá para onde está nos levando, como chegaremos lá ou o que acontecerá. Ele pede apenas que o sigamos. A única palavra que conheço que abrange a fé, o compromisso, a coragem e o sacrifício de embarcar numa jornada como essa, de tornar-se parte da equipe de Jesus, é dedicação.

Sim, eu me tornei um fã dos Cowboys depois de viver em Dallas por algum tempo. Não por ser essa a escolha natural, mas por ser a melhor. Eu me converti pelos resultados. Os Cowboys tinham uma equipe que vencia mais do que perdia porque eles tinham líderes nos quais se podia confiar para trabalhar. Sou cristão agora pelas mesmas razões. Jesus Cristo é um líder em quem você pode confiar, e ele é um Mestre que você não pode se dar ao luxo de não seguir.

O que você acha? Está disposto a considerar a idéia de fazer parte dessa equipe?

6

Impacto

A habilidade que trabalha para o bem

LUCAS 5.12-26

Homens de impacto — como Mark McGwire, Michael Jordan, Tiger Woods e Emmitt Smith — podem assumir a responsabilidade do jogo sozinhos, ditar o resultado e garantir a vitória. Outro nome que me vem à mente é o de Keith Phillips. Keith não é um herói do esporte, mas eu o admiro do mesmo jeito. Sua resolução levou a um esforço de virar o jogo nos campos social e espiritual nas áreas centrais das maiores cidades dos Estados Unidos. Formado pela Universidade da Califórnia (UCLA), Keith dedicou sua vida a servir as minorias desabrigadas dos Estados Unidos. Keith é fundador e presidente da World Impact, ministério cristão nacional e interdenominacional de discipulado e plantação de igrejas dedicado a ministrar o amor de Deus aos moradores de áreas degradadas nas grandes cidades.

Keith começou seu trabalho em 1965, em Los Angeles, pouco antes dos distúrbios ocorridos em Watts (que ficaram conhecidos como "Watts Riots"). Sua paixão é servir as diversas comunidades étnicas pobres nos Estados Unidos que sofrem das piores doenças da sociedade. Keith e sua equipe vivem no coração dessa terra economicamente devastada chamada centro das cidades dos Estados

Unidos. Eles trabalham num deserto urbano infestado de vício, prostituição, divórcio, crianças órfãs, famílias numerosas dirigidas por mães vivendo da assistência social ou em pior situação, com renda gerada pelo crime. Essas comunidades nunca aparecem na lista dos dez melhores lugares para se viver nos Estados Unidos, mas certamente fazem parte dos dez piores.

A equipe da World Impact vive nas comunidades às quais servem e, como resultado, são freqüentemente roubados, atormentados, ridicularizados e ameaçados, mas nada disso importa para eles. Eles optam por investir sua vida naqueles mais necessitados do que neles próprios, tentando fazer com que vivam melhor. Optam pelo pior dos ambientes, crendo que podem gerar o maior benefício possível junto daqueles que só possuem coisas ruins. Admiro isso. Existe alguma coisa muito cristã nessa perspectiva e em sua busca. Se você é como eu, então admira pessoas que cuidam dos feridos e buscam fornecer ajuda aos desamparados.

Quando leio sobre a vida de Cristo, fico convencido de que ele queria que nós imitássemos sua preocupação pelos outros. Como ele fez, assim ele deseja que eu faça também. Assim como ele, deveríamos estar dispostos a mostrar compaixão aos necessitados fornecendo ajuda prática. De que maneira? Qual a aparência disso para que eu possa identificá-la?

Também admiro Norm Miller. Ele é a pessoa que, de maneira silenciosa, mas poderosa, organizou a diretoria e investiu o dinheiro que permitiu que a equipe da World Impact servisse e ajudasse tantas pessoas no sul de Dallas. Fui privilegiado por estar presente no dia da concepção da idéia quando Norm, Ford Madison, o dr. Marvin Watson e Keith Phillips discutiram a necessidade do trabalho no centro da cidade de Dallas. A preocupação de seu coração era no sentido de que os pobres e menos privilegiados pudessem receber ajuda e esperança de cristãos atenciosos. Eles discutiram, e eu ouvi. Oramos e, por seis anos, nada aconteceu.

Norm e eu conversávamos sobre o sonho. Ele e eu, cada um do seu jeito, faria aquilo que pudesse em oração, mas, por bastante tempo, nenhuma solução real ficou clara. Então, há quatro anos, depois de anos de oração, o primeiro casal deu um passo à frente com o compromisso de se mudar em tempo integral para o centro da cidade. Os Castons, tal como muitos membros da equipe de Keith, abdicaram do sonho americano que estavam vivendo — uma vida com formação educacional, prosperidade e mobilidade social ascendente — para atender a um sonho maior. Eles queriam causar um impacto eterno nas pessoas do centro da cidade de Dallas.

As coisas não foram mais as mesmas desde então. Casas foram reformadas. Uma igreja foi fundada. As crianças têm recebido ensinamento bíblico. Mães solteiras têm sido ajudadas e toda a vizinhança tem ouvido sobre o fato de que Deus as ama. Deus ainda trabalha no negócio de recuperação. Essa parte do sul de Dallas tem visto provas disso nas pessoas, as quais foram resgatadas nos âmbitos espiritual e prático, e na comunidade, que está sendo transformada de maneira vagarosa, mas perceptível. Tenho muito orgulho deles. Eles me inspiram.

De onde vem esse caráter altruísta? O que motivaria um casal bem-sucedido e em ascensão a arriscar seu próprio conforto e desenvolvimento por pessoas com tão pouco a oferecer em troca? Por que se sacrificar por estrangeiros que podem rejeitá-los e que já foram desprezados e deixados de lado pela sociedade? A resposta mais uma vez é Jesus. Sua vida e seu ministério estavam concentrados em ajudar desamparados, não apenas espiritualmente, como discutimos no capítulo 1, mas de maneira prática, como veremos a seguir. Cristo veio para realizar pelo menos três coisas: 1) redimir uma humanidade espiritualmente encarcerada; 2) apresentar em pessoa seu direito e autoridade de governar toda criação como o rei do Reino de Deus e 3) mostrar em atos o tipo de intenção do Pai celestial.

Lembre-se de que Deus nos criou sem pecado e nos colocou num paraíso ambiental. Ele nos ama e deseja que desfrutemos o melhor dele e dos dons que ele nos dá. Mas tudo isso foi distorcido e corrompido pelo pecado original da humanidade. Agora, a perfeição e o paraíso não chegarão até que sejamos reunidos outra vez com Deus nos céus. Entre o agora e aquele momento, porém, o amor de Deus permanece constante. Sua compaixão é ilimitada.

Jesus demonstrou tanto a preocupação apaixonada de Deus como também seu poder prático ao ajudar os desamparados. Em alguns momentos, ele os alimentou; em outros, ele os trouxe de volta à vida, acalmou uma tempestade ou expulsou um demônio; em outra ocasião, ele curou um indivíduo com uma doença séria. É aqui que nos encontramos agora. Na passagem a seguir, somos confrontados com dois relatos de cura e suas implicações práticas como lições para nós. Ao ler o relato de Lucas 5.12-26, perceba os detalhes, pois eles fornecem cinco importantes aplicações para os homens do Mestre hoje.

> Estando Jesus numa das cidades, passou um homem coberto de lepra. Quando viu Jesus, prostrou-se, rosto em terra, e rogou-lhe: "Se quiseres, podes purificar-me".
>
> Jesus estendeu a mão e tocou nele, dizendo:
>
> "Quero. Seja purificado!". E imediatamente a lepra o deixou.
>
> Então Jesus lhe ordenou: "Não conte isso a ninguém; mas vá mostrar-se ao sacerdote e ofereça pela sua purificação os sacrifícios que Moisés ordenou, para que sirva de testemunho".
>
> Todavia, as notícias a respeito dele se espalhavam ainda mais, de forma que multidões vinham para ouvi-lo e para serem cura-

das de suas doenças. Mas Jesus retirava-se para lugares solitários, e orava.

Certo dia, quando ele ensinava, estavam sentados ali fariseus e mestres da lei, procedentes de todos os povoados da Galiléia, da Judéia e de Jerusalém. E o poder do Senhor estava com ele para curar os doentes. Vieram alguns homens trazendo um paralítico numa maca e tentaram fazê-lo entrar na casa, para colocá-lo diante de Jesus. Não conseguindo fazer isso, por causa da multidão, subiram ao terraço e o baixaram em sua maca, através de uma abertura, até o meio da multidão, bem em frente de Jesus.

Vendo a fé que eles tinham, Jesus disse: "Homem, os seus pecados estão perdoados".

Os fariseus e os mestres da lei começaram a pensar: "Quem é esse que blasfema? Quem pode perdoar pecados, a não ser somente Deus?".

Jesus, sabendo o que eles estavam pensando, perguntou: "Por que vocês estão pensando assim? Que é mais fácil dizer: 'Os seus pecados estão perdoados', ou: 'Levante-se e ande'? Mas, para que vocês saibam que o Filho do homem tem na terra autoridade para perdoar pecados" — disse ao paralítico — "eu lhe digo: Levante-se, pegue a sua maca e vá para casa".

Imediatamente ele se levantou na frente deles, pegou a maca em que estivera deitado e foi para casa louvando a Deus. Todos ficaram atônitos e glorificavam a Deus, e, cheios de temor, diziam: "Hoje vimos coisas extraordinárias!" (Lucas 5.12-26).

No primeiro relato, Lucas nos coloca bem diante de um homem leproso. A lepra era a mais terrível doença do mundo antigo. Acreditava-se que a lepra era altamente contagiosa e incurável. Como resultado, essa doença trazia um total isolamento social, além de um estigma. A lepra nos lembra a epidemia de aids de hoje. Além disso, a Lei mosaica proibia que uma pessoa infectada se associasse com uma pessoa não infectada,[1] e o resultado prático é que, para um judeu, isso significava ser dispensado da adoração no templo e sofrer a privação da comunhão com os outros israelitas. O isolamento e a solidão que ela gerava provavelmente eram um destino pior do que a morte. Você pode imaginar ter que se esconder das pessoas, embora estivesse cercado por elas, e ter que alertar a todos num raio próximo que você era leproso? Tenho certeza de que as pessoas caminhavam em volta dos doentes, fugiam deles, não faziam qualquer contato visual ou nem mesmo os cumprimentavam. Devia ser uma vida degradante e desmoralizante. Por isso fico impressionado quando vejo a maneira como Jesus lidou com a situação.

Perceba em primeiro lugar que o encontro aconteceu numa cidade. As cidades estão sempre cheias de pessoas, tantas, de fato, que é muito fácil perder-se no meio da multidão. É difícil ser pessoal na cidade. A quantidade enorme de pessoas tende a fazê-las menos amigáveis, mais desconfiadas e difíceis de conhecer.

Lembro-me de minha infância em Los Angeles, uma metrópole de mais de 7 milhões de pessoas. Em lugares assim tão apertados, as pessoas tendem a proteger muito o seu espaço. Pelo menos parecia assim para mim. Havia tantas pessoas num mesmo lugar que a sensação era de claustrofobia. Era mais fácil fingir que elas não estavam ali, particularmente se elas não eram atraentes ou se tinham algum problema ou necessidade — mas não foi isso que aconteceu quando Jesus chegou à cidade. Ao visitar aquela cidade em particular, ele notou os indivíduos, e não apenas os cidadãos belos e importantes. Ele percebeu alguém totalmente proscrito, alguém como os residentes esquecidos do lado errado de sua cidade.

Segundo, perceba que a questão crítica que o leproso abordou não era a habilidade de Cristo. Ele aparentemente já tinha ouvido o suficiente desse mensageiro de Deus para saber que Jesus tinha poder de curar, mas ele queria desesperadamente saber se Jesus estava *disposto* a curá-lo.

Assim acontece com a maioria de nós. Nessa ilustração, a questão que devemos copiar de nosso Mestre não é se devemos ajudar as pessoas desamparadas. Penso que a questão é se vamos reservar tempo suficiente para notá-las. Será que estamos tão absorvidos em nós mesmos a ponto de não termos nem tempo nem interesse de sair de nosso ambiente pessoal ou de abrir mão de nossa agenda particular? Temos suficiente compaixão para reservar um tempo para ver alguém maltrapilho, reconhecer as necessidades de um garoto sem pai ou considerar que os sem-teto podem sentir frio no inverno? Se tivermos essa compaixão, então devemos responder a outra pergunta: estamos dispostos a ajudar? Todos nós podemos ajudar em pelo menos alguma coisa, mas vamos fazer isso? Agora espere. Não estou falando sobre largar seu emprego e mudar-se para o centro da cidade como fizeram os Castons. Estou falando sobre o que é certo para você e para mim. O que eu vejo Jesus fazer aqui é ajudar os outros de acordo com o tempo, os recursos e a capacidade de que dispunha. Não mais, mas também não menos. Você e eu podemos fazer isso também.

Uma das pequenas coisas que minha família tem feito há anos é trabalhar num tipo de ministério não oficial de meninos. Tenho três filhos e adoramos acampar, pescar, jogar basquetebol ou fazer qualquer coisa fora de casa. A maioria dos meninos gosta disso. Percebi com o passar dos anos que havia uma grande quantidade de meninos sem pai em minha vizinhança. A maioria dos meninos em volta de casa tinha pais, mas uma grande quantidade desses pais não eram atenciosos. Vários dos meninos também estavam vivendo sozinhos apenas com sua mãe. Assim, de um jeito ou de outro parecia que tínhamos um constante exército de meninos jogando futebol na praça ou basquetebol na quadra, e a maioria ficaria muito feliz diante da chance de ir acampar. Então, sabe o que fizemos? Nós os levamos. Sem formalizar uma equipe de escoteiros, terminamos conseguindo uma coisa bastante similar. E você pode imaginar as conversas que tivemos com esses meninos depois de um jogo de futebol ou durante um passeio no campo. Deus me deu muitas e maravilhosas oportunidades de aconselhar os meninos e de levá-los à igreja, falar-lhes sobre Jesus e, às vezes, ser simplesmente um incentivador — em outras palavras, agir como um pai. Não foi muita coisa. Isso não exigiu uma energia extra muito grande, apenas a disposição de ser incomodado de tempos em tempos com a atividade de contar quantas pessoas a mais estavam em casa, em nossa mesa de jantar ou no quintal. Mas, puxa, conseguimos perceber algumas vidas mudadas ao ver um jovem rapaz atrás do outro começar a seguir o Mestre também.

Perceba uma outra observação, pequena, mas significativa desse texto. Uma coisa que Jesus fez — e que nós também podemos fazer — foi adicionar um toque pessoal. Ele de fato tocou o leproso, uma prática incomum naqueles dias. Isso deve ter significado o mundo inteiro para aquela vítima solitária e esquecida de uma doença tão terrível. Às vezes as pessoas feridas apresentam melhoras simplesmente por saber que alguém se importa com elas. Uma conversa no trabalho com um colega deprimido pode fazer diferença, permitindo que ele continue mais um dia, bem como levando-o a crer que, afinal, pode haver esperança para sua vida.

Ajudar não significa reservar uma grande quantidade de tempo. Às vezes não é necessário nada mais do que o esforço de enviar uma nota a um amigo que está sofrendo, mas que pode ser um catalisador para a cura emocional daquela pessoa. Podemos fazer esse tipo de ministério e, quando o fizermos, nosso mundo será melhor por causa de nosso esforço.

Em quarto lugar, perceba que Jesus não queria nenhum crédito por seu presente, mas desejava que Deus recebesse a glória. Assim, ele enviou o homem curado, armado com um incrível testemunho, às autoridades religiosas. Certamente todos ficaram chocados em vê-lo, reconhecendo que um milagre havia acontecido naquele dia. Nosso Senhor não tinha sede de notoriedade. Tão rapidamente quanto a duração do evento, Jesus saiu às escondidas para se recompor para a próxima oportunidade de ministrar. Parece claro que ele não precisava de uma placa para comemorar seu dom.

O próximo relato caminha junto com o primeiro. Aqui, o foco da atenção é Jesus, e não mais o leproso. O grupo é composto da estimada comunidade religiosa e teológica. Esses profissionais estão reunidos numa casa, não nas ruas da cidade. Os desamparados não podem chegar até Jesus por causa da barreira que os inquiridores haviam levantado em volta de nosso Mestre. Mas espere, vários colegas fazem um plano ousado de colocar seu amigo inválido bem diante de Jesus. Se eles conseguissem colocar o amigo enfermo bem na frente do Mestre, Cristo certamente o curaria como fez com outros. Mas como fazer isso? Bem, uma vez que eles não podem passar pela porta da frente, por que não abrir o telhado da casa do anfitrião e baixar seu amigo por meio de cordas até chegar a Jesus? Não sei quem ficou mais surpreso: o dono da casa, quando viu um buraco sendo aberto no teto, ou Jesus, quando testemunhou a fé audaciosa daqueles homens. Mas isso não importa, pois o texto registra apenas a visão de Jesus. A declaração seguinte, conforme registrada por Lucas, revela por que pessoas boas que enfrentam coisas ruins tentarão quase qualquer coisa para conseguir um encontro com seu Criador. Somente Deus pode nos ajudar quando enfrentamos circunstâncias impossíveis, especialmente quando o resto da humanidade nos ignora.

Uma das razões de Cristo ter vindo para os israelitas como seu Messias foi a de anunciar-lhes que ele era seu legítimo rei. Eles não estavam esperando um governador celestial; eles preferiam um libertador mais normal, fosse político ou militar. A maioria dos judeus, embora religiosos, estava mais preocupada com a ocupação romana de seu país do que com a residência espiritual de Deus em seus corações. Eles queriam um Messias esperto, que pudesse livrá-los de Roma, não um Messias espiritual que exigisse seu arrependimento. Sendo assim, a guerra de credibilidade estava decretada. Se os líderes religiosos pudessem desacreditar Jesus, a multidão deixaria de segui-lo e eles poderiam mais uma vez voltar sua atenção para exorcizar esse demônio chamado César de sua preciosa terra. Contudo, veja só, não foi assim. Jesus era algo real, o genuíno cumprimento de todas as profecias antigas,[2] e ele não seria interrompido. Desse modo, ele trouxe a questão para primeiro plano, agindo exatamente como Deus. Ele perdoou os pecados do homem. Qualquer líder religioso de respeito discordaria disso, pois nenhum homem pode perdoar pecados, mas apenas Deus. Por quê? Primeiramente, porque o pecado é basicamente uma afronta a Deus, que não tem pecado e exige santidade. Segundo, o pecado também afeta negativamente outras pessoas. Contudo, no caso da expiação espiritual (ou seja, a remoção da culpa do pecado), somente um ato de Deus pode conferir tal perdão a uma pessoa culpada.

Desse modo, os fariseus imediatamente discordaram dele. Contudo, a resposta de nosso Senhor foi magistral. Ele decidiu provar com ações, e não palavras, que a acusação de blasfêmia era falsa. Suas ações também validariam sua divindade e seu direito de absolver o homem de seus pecados. Ao ler a mente daqueles homens, Cristo foi capaz de lançar uma pergunta penetrante: "O que é mais fácil fazer, perdoar ou curar?". Então, sem esperar pela resposta, ele se voltou para o paralítico, ordenou sua cura e autorizou sua partida — um verdadeiro milagre para um paralítico.

A idéia foi passada de maneira dramática e sua divindade foi confirmada de maneira inequívoca. E, é claro, os resultados foram satisfatórios. Uma sala cheia de pessoas ficou maravilhada ao mesmo tempo em que uma pessoa desamparada e impotente dava glória a Deus.

A relevância dessa passagem nos fornece a quinta e última aplicação crítica para um homem do Mestre, que é a prioridade de tratar a necessidade espiritual de uma pessoa.

Como prefácio dessa aplicação final, deixe-me primeiramente lançar a seguinte advertência: tenha cuidado com a intimidação promovida por seus colegas. Você pode ter certeza de que, quando estabelecer seu curso para ajudar os esquecidos deste mundo, algumas almas ignorantes, arrogantes ou egoístas vão procurar mudar sua rota. Não deixe que elas façam isso. Se preciso for, motive-se pelos esforços impressionantes e até mesmo ridículos que os necessitados tentarão fazer para obter ajuda. Não estamos falando daqueles pedintes desesperados que simplesmente querem o seu dinheiro para comprar bebida. Estou falando de pessoas sinceras que vão caminhar por duas horas antes do amanhecer para conseguir um trabalho no qual ganharão um salário mínimo, porque elas não têm dinheiro para o ônibus. Se elas estão dispostas a se arriscar para encontrar a Cristo, será que não podemos nos arriscar para apresentá-lo a elas?

Finalmente, não esqueça o fato de que Jesus levantou a questão do pecado. Nenhuma ajuda é tão duradoura ou significativa quanto ajudar uma pessoa a se livrar do fardo do pecado. Assim como aconteceu conosco, isso começa e termina com um relacionamento pessoal com Jesus Cristo. Tratamento antidrogas, terapia e outras ajudas para uma pessoa ferida têm seu lugar, mas um ministério de compaixão que deixa o evangelho de fora na melhor das hipóteses fornece apenas um benefício temporal. Muito melhor é o homem que representa Jesus Cristo e sua graça redentora ao mesmo tempo em que fornece ajuda prática do que aqueles que não fazem isso. Quando procuro um lugar para servir ou onde colocar meu dinheiro, dou preferência a um que forneça as duas coisas. Procuro ministérios que mantenham o espiritual e o prático num equilíbrio saudável.

Então, o que aprendemos? O que podemos imitar? Em resumo, um homem do Mestre considera primeiramente os desamparados; segundo, demonstra compaixão de uma maneira pessoal; terceiro, presta ajuda para a glória de Deus, e não para seu próprio crédito; e quarto, é um homem, não um rato; não é um indeciso, mas é corajoso e forte. Você encontrará críticos quando tentar mostrar misericórdia. Não permita que eles o intimidem.

Quinto, um homem do Mestre não deixa de fora o aspecto espiritual. Ao ajudar os outros, quando for apropriado, compartilhe sua fé. Você pode ser o único a separar um tempo para fazer isso. Se o ato de apresentar o evangelho deixa você nervoso, caminhe com eles pelos passos do capítulo 1. Você pode apostar que, se Deus tocou seu coração para ajudar alguém que está numa situação difícil, ele provavelmente já trabalhou no coração da pessoa para que ela aceite sua ajuda e aceite aquele que o motivou a fazer isso: Jesus. Ele é o melhor amigo que uma pessoa solitária e ferida pode ter.

7

Mudança

Flexível, mas inquebrável

Lucas 5.27-39

Estamos embarcando em um novo milênio. Nunca em nossa vida as palavras "deixe o velho para trás e abrace o novo" foram mais verdadeiras. As décadas iniciais deste novo milênio serão marcadas por tantas mudanças tecnológicas, sociais e geopolíticas que, sem dúvida, reconsideraremos totalmente a maneira como vivemos e nos relacionamos uns com os outros.

Um editorial do jornal *The New York Times* abordou a "futura era da biologia" com os seguintes pensamentos: o marco do século XX — da quebra do átomo à revelação do código genético — foi um avanço mais rápido sobre a mais ampla gama de atividades que jamais aconteceu na história. As principais perguntas agora são se a ciência pode continuar sua marcha adiante ou se está perdendo o embalo e se seus produtos serão voltados para o bem ou para o mal.

Jim Wright, ex-presidente do Congresso norte-americano, está preocupado com questões relacionadas ao surgimento da globalização. Ele adverte: "A globalização é um fato irreversível. Nosso desafio para o século XXI será controlá-la, gerenciá-la e humanizála. Será preciso haver algumas regras comuns para garantir que ela sirva as pessoas comuns, em vez de explorá-las".[1]

O fato é que, quando a questão é mudança, alguns gostam, alguns não gostam e a maioria pergunta qual a melhor maneira de lidar bem com os desafios que ela inevitavelmente traz. Todos nós enfrentaremos a mudança em diversas ocasiões em nossa vida. Uma vez que isso é fato, a questão crítica é o gerenciamento da mudança, não a resistência a ela. As pessoas que são mais negativamente influenciadas pelas mudanças são aquelas que procuram evitá-la. Elas ficam calcificadas, se é que não se partem por inteiro. Aqueles que são bem-sucedidos aprendem a usar a mudança em seu próprio benefício. Eles usam a mudança como alavanca para benefício deles mesmos ou de outros. Nunca é fácil fazer amigos a partir de inimigos, mas eu encorajo você a fazer isso quando enfrentar esse inimigo familiar do *status quo*: a mudança. Jesus fez isso, e creio que o texto de Lucas 5.27-39 mostra o quão iluminado ele foi e quão tremendas são as recompensas por segui-lo.

É claro que mudar não é fácil. Quanto mais bem-sucedido você for, mais difícil é mudar, especialmente quando determinado assunto e o tempo de sucesso naquela área são considerados. Nem toda mudança é boa, mas, quando a mudança é promovida por Deus, o resultado será o bem. Às vezes o bem que vem da mudança não é facilmente reconhecível senão algum tempo depois da transição inicial. Quando esse for o caso, o desafio da mudança é maior, pois não vemos rapidamente os resultados benéficos de nosso doloroso investimento. A mudança envolve dor porque ela normalmente está acompanhada pela perda. A perda pode abranger várias opções — perda do que é familiar, da segurança, dos relacionamentos etc. Pelo fato de a mudança poder ser tão custosa e dolorosa, é importante pesar os riscos e as recompensas, os custos e os benefícios. Também devemos avaliar se a mudança que estamos experimentando se deve a uma mudança de direção precipitada por Deus ou se nós fomos os catalisadores em função de aborrecimento, rebelião, orgulho, ira, ganância ou algum outro fator egoísta. Estar contente em "toda e qualquer circunstância", como Paulo recomenda (Filipenses 4.11), é um barômetro muito útil para avaliar a legitimidade de uma oportunidade de mudança. Às vezes a mudança é exigida por causa de uma produtividade diminuída, ou se torna necessária por um mal muito grande, que você não pode impedir. Quando essas experiências estão presentes, mudar se torna a sua avenida rumo à obediência e à bênção, ou possivelmente sua rota de fuga para garantir a sua fidelidade.

O importante, então, é avaliar cada oportunidade individualmente e medir seu valor de acordo com o propósito de Deus para sua vida. Recomendo que você também avalie seus méritos testando a oportunidade por meio das Escrituras, antecipando-a em oração, buscando conselho de homens piedosos e considerando qualquer evidência circunstancial também.

Um amigo meu, Jeff Haddock, compartilhou um modelo simples, mas bastante útil para avaliar sua posição atual no processo de mudança e os passos seguintes que você encontrará à medida que caminhar na direção da resolução e da transformação. Todos nós começamos com um sentimento de negação assim que somos confrontados com uma mudança significativa. Dependendo de nossa disposição de nos movermos adiante na direção da resolução, normalmente vamos processar as implicações dos efeitos da mudança analisando o relacionamento de causa e efeito da mudança em particular nas nossas circunstâncias. Jeff sugere que apresentemos a tendência de analisar causa e efeito revisando quatro categorias: nosso foco atual, nossas necessidades, a oportunidade diante de nós e nossa responsabilidade no meio da mudança. De acordo com Jeff, vamos trabalhar as quatro categorias uma a uma. A velocidade dependerá muito de fatores tanto pessoais quanto externos, mas creio que um quadro como o da figura 7.1 ajuda a ver onde estou no mapa da mudança em um dado momento, e isso por si só me dá paz e alguma orientação.

Negação	Compromisso
Resistência	Exploração

Figura 7.1. Estágios no processo de mudança

Não importa como você processa a mudança: não deixe que o medo controle seu processo de tomada de decisão. Em todas as coisas, devemos agir pela fé. Nossa fé deve ter como seu objeto o Senhor Jesus Cristo. Ela deve ter como sua base a largura da revelação de Deus. Ela deve se alinhar com nossos dons, nosso chamado e nosso temperamento. De maneira típica, ela também será uma extensão de nossa história passada. A fé que é vista dessa maneira nunca será caprichosa ou presunçosa, mas terá o sólido fundamento de uma perspectiva piedosa. Também teremos paz, pois podemos descansar na garantia de que os resultados estão de acordo com a vontade de Deus, uma vontade que glorifica a Cristo, satisfaz nossas necessidades, promove nosso crescimento e beneficia outros. Essa percepção vai nos ajudar a consolar o coração dolorido que lamenta qualquer perda que seja resultante da mudança. Ela também fornecerá coragem para qualquer alma que possa estar começando agora a lidar com um padrão de vida totalmente novo.

Como já disse, a mudança é um fato que não podemos evitar. Todos nós enfrentaremos alguns tipos diferentes de mudança em nossa vida. Muitos homens, por exemplo, mudam de emprego várias vezes na vida, e grande parte deles também fará uma mudança completa de carreira pelo menos uma vez.[2] A idade, naturalmente, dita as mudanças em nosso estado físico. Nossa vida familiar passará por muitas estações de mudança conforme nos casamos, damos início a uma família, criamos os filhos, casamos esses filhos, iniciamos com nosso cônjuge a fase do ninho vazio, da aposentadoria etc. Essas são as coisas mínimas que acontecerão em nossa família, sendo que também podem surgir fatos como divórcio, morte de um cônjuge ou de um filho, doenças debilitantes ou um acidente, bem como outros eventos traumáticos. A lista pode incluir mudar de casa, transformações financeiras ou econômicas, problemas de saúde, assim como mudança de amigos, família estendida e interesses.

Do mesmo modo, podemos nos acostumar ao fato de que as coisas vão mudar e desenvolver uma resposta que limite os efeitos debilitantes da mudança, ao mesmo tempo em que capitalizamos sobre suas oportunidades.

É fácil? Não, não é. Mas Cristo nos apresenta uma maneira simples de ver a mudança a partir de uma perspectiva celestial, enquanto reconhecemos as mudanças a partir de um ponto de vista terreno.

Veja sua visão sobre o assunto em Lucas 5.27-39:

> Depois disso, Jesus saiu e viu um publicano chamado Levi, sentado na coletoria, e disse-lhe: "Siga-me". Levi levantou-se, deixou tudo e o seguiu.
>
> Então Levi ofereceu um grande banquete a Jesus em sua casa. Havia muita gente comendo com eles: publicanos e outras pessoas. Mas os fariseus e aqueles mestres da lei que eram da mesma facção queixaram-se aos discípulos de Jesus: "Por que vocês comem e bebem com publicanos e 'pecadores'?".

> Jesus lhes respondeu: "Não são os que têm saúde que precisam de médico, mas sim os doentes. Eu não vim chamar justos, mas pecadores ao arrependimento".
>
> E eles lhe disseram: "Os discípulos de João jejuam e oram freqüentemente, bem como os discípulos dos fariseus; mas os teus vivem comendo e bebendo".
>
> Jesus respondeu: "Podem vocês fazer os convidados do noivo jejuar enquanto o noivo está com eles? Mas virão dias quando o noivo lhes será tirado; naqueles dias jejuarão".
>
> Então lhes contou esta parábola: "Ninguém tira um remendo de roupa nova e o costura em roupa velha; se o fizer, estragará a roupa nova, além do que o remendo da nova não se ajustará à velha. E ninguém põe vinho novo em vasilha de couro velha; se o fizer, o vinho novo rebentará a vasilha, se derramará, e a vasilha se estragará. Ao contrário, vinho novo deve ser posto em vasilha de couro nova. E ninguém, depois de beber o vinho velho, prefere o novo, pois diz: 'O vinho velho é melhor!' " (Lucas 5.27-39).

"Depois disso". Depois do quê? Depois de ele ter-lhes mostrado que tinha autoridade para perdoar pecados. Então, ele lhes mostrou que tinha autoridade de pedir que as pessoas o seguissem. Também mostrou que tinha direito de entrar em lugares anteriormente proibidos. Além disso, Jesus tinha autoridade de deixar de lado as regras do jejum. Por último, o Mestre tinha direito de formar um novo processo de alcançar o perdido.

Não sei quanto a você, mas, quando finalmente chego ao portão de embarque do aeroporto e me sento para esperar pelo meu vôo, fico muito feliz se percebo que alguém esqueceu o jornal no banco — especialmente a página de esportes. Numa ocasião, só encontrei a seção do meio. A primeira página é importante para compreender a segunda metade do artigo. A primeira página estabelece o tom e define a idéia principal. Ela também contém algumas informações pertinentes às quais as frases seguintes, no meio do artigo, vão se referir. Esse é exatamente o apuro em que nos encontramos aqui.

Quando essa seção das Escrituras se abre com a frase "depois disso", sinto-me como se estivesse no meio do aeroporto olhando para uma página de esportes incompleta. Quero ver a primeira página. Quero saber o que está acontecendo e qual é a informação crítica que a precede. A que a expressão "depois disso" está se referindo? Nesta seção das Escrituras, o "depois disso" refere-se à cura do paralítico na passagem anterior (Lc 5.17-26). O poder e a autoridade de Cristo foram demonstrados a um grupo de líderes religiosos céticos quando ele apresentava prova irrefutável de que era o Messias, o Salvador do mundo. Jesus, o Filho de Deus, nunca realizou milagres de maneira indiscriminada. Ele sempre tinha um propósito, e o propósito era maior do que o alívio temporário do sofrimento que o milagre promovia. Os milagres de Cristo tinham o propósito maior de validar sua mensagem e sua identidade como Filho de Deus, Messias e Salvador do mundo. Sua mensagem: "Arrependam-se, pois o Reino dos céus está próximo" (Mt 4.17). Assim foi com a cura do paralítico. Ao fazer isso, ele forneceu uma mostra irrefutável aos líderes religiosos de que ele, como Deus, tinha a autoridade (e o poder) de perdoar pecados — e de mudar tradições desnecessariamente inibidoras.

Lucas deseja que os leitores façam a transposição da idéia para a próxima seção das Escrituras. Sua intenção é de que vejamos que Jesus também tinha poder e autoridade para 1) chamar e ordenar às pessoas que o seguissem, 2) ir até lugares anteriormente ignorados com o objetivo de estender a oferta de se arrepender e preparar-se para o Reino, 3) desprezar rituais religiosos ineficientes como o jejum e 4) estender liberdade ao seu povo para que encontrasse os meios mais eficientes e criativos possíveis para convidar as pessoas a terem um relacionamento com Deus.

O primeiro desafio de mudança fica evidente no chamado de Levi (também chamado de Mateus nos outros relatos do Evangelho) para ser discípulo de Jesus. Esse desafio envolve desenvolver um relacionamento com pessoas com as quais nós normalmente não nos associaríamos. Na Palestina do século 1º, havia culturas distintas existindo conjuntamente, mas lutando para que uma aceitasse a outra. Uma obra clássica descreve a situação desta maneira:

> Havia dois mundos em Jerusalém, lado a lado. De um lado, havia o mundo grego, com seu teatro e anfiteatro; tendências estrangeiras e modos de ser, que iam desde o rei estrangeiro até a pessoa mais simples. Do outro lado, estava o velho mundo judeu, tornando-se agora estabelecido e calcificado na Escola de Hillel e Shammai, obscurecida pelo Templo e pela Sinagoga. Cada um estava procurando seu rumo, um ao lado do outro".[3]

Os judeus, com suas tradições religiosas detalhadas, preconceitos e separatismo, viviam numa odiada subjugação aos romanos que ocuparam a terra e ostentavam seu poderio militar, o paganismo, os excessos e a dominação financeira. Os dois lados toleravam um ao outro por pura necessidade. Os judeus não tinham escolha e os romanos não queriam provocar um levante que exigisse a presença de novas tropas e de mais gastos militares, além de levantar a ira de Roma e de César. Eles odiavam uns aos outros e, logo abaixo da superfície diplomática da existência diária, fervia um caldeirão de ressentimento dos judeus para com seus captores estrangeiros.

Nesse mundo talvez não houvesse uma pessoa mais odiada ou mais repudiada pela comunidade judaica do que o coletor de impostos. Os judeus não apenas detestavam pagá-los para financiar a ocupação de sua terra pelo imperador pagão, mas também desprezavam aqueles traidores judeus a quem Roma pagava para cobrar as taxas de seu próprio povo. Levi era um desses judeus traidores. Também está bem documentado que os coletores de impostos enriqueciam por cobrarem mais do que o devido de seus compatriotas.

No texto do convite de Cristo para que Levi o seguisse vejo um princípio, relacionado à oferta da graça de Deus a pessoas imperfeitas. Como sempre, Deus olha para nosso coração, não para nosso perfil profissional ou nosso histórico cheio de erros e arrependimentos. Ele olha apenas para nossa disposição de nos arrependermos dos velhos caminhos e redirecionarmos nossos passos na direção dele, onde todas as coisas são novas.[4] Desse modo, mediante o convite de Cristo, Levi deixa seu passado e segue a Cristo rumo a um novo começo.

Nosso Deus bendito faz a mesma coisa hoje. Somente Deus pode pegar um profissional e alterar tanto seu modo de pensar a ponto de ele mudar radicalmente a orientação de sua profissão. Deus pode dar ao homem um novo propósito para viver e trabalhar. Ele dá uma nobre razão para prosseguir a obra em nossa vida. Ocasionalmente, como no caso de Levi, ele vai tirar nossa profissão totalmente de nós, especialmente quando todo seu contexto carece de integridade, dando-nos uma ocupação mais honesta. Contudo, com uma freqüência muito maior, ele redireciona a pessoa receptiva, alarga nossa visão de seu propósito e infunde essa intenção em nosso viver. Repentinamente sentimos um desejo de usar nosso trabalho para a glória de Deus e vemos nossa posição profissional como plataforma para honrar a Cristo. É interessante perceber que qualquer homem que veja seu trabalho como um ministério rapidamente verá seus clientes e colegas de trabalho como objetos de compaixão conforme ele deseja para eles a mesma experiência libertadora que desfruta em Cristo.

Infelizmente é comum termos de dar algumas explicações aos nossos velhos amigos quando mudamos a intencionalidade de nosso trabalho e de nossos relacionamentos. Mas esse é o desafio da mudança quando nos envolvemos com as pessoas.

Intimamente ligada à mudança de relacionamentos está a mudança nos lugares para os quais podemos ir agora. Depois de nosso Senhor ter graciosamente convidado Levi para fazer parte da equipe dos seguidores do Mestre, de maneira entusiástica, Levi convida Jesus para ir até sua casa e encontrar alguns amigos. Se Levi era um proscrito, quem você acha que eram seus amigos? Isso mesmo: proscritos em termos sociais, econômicos e religiosos como ele. Por acaso nosso Senhor recusou o pedido? É claro que não! O amor de Deus impede todo preconceito, temor e corrupção. Assim, Cristo foi à festa que, sem dúvida, foi um sucesso. Você sabe que é sempre legal estar com Jesus. Ele não tem uma cara amarrada nem humor azedo. Ele gosta da alegria, da liberdade, e sempre extrai o que existe de bom numa coisa. Deve ter sido muito inspirador ter estado com ele. Contudo, isso durou até o momento em que apareceram os beatos religiosos. Eles queriam saber por que ele estava se associando com pessoas de posição tão baixa na pirâmide social. A resposta é simples: Deus busca aqueles que têm necessidades e todos aqueles que têm necessidades são bem-vindos para ter um relacionamento com ele. É claro que isso apresenta um dilema.

Parece que os únicos ofendidos com Jesus e que, portanto, nunca recebem os benefícios de um relacionamento com Deus, são aqueles que pensam que são melhores do que as pessoas claramente necessitadas. São aquelas pessoas que se acham muito legais. Que ironia e que vergonha! A Bíblia, o jornal diário e a experiência humana apontam para o mesmo triste fato universal. Ninguém é perfeitamente legal. Todos nós temos nossas áreas escuras. Todos nós pecamos e estamos longe da perfeição de Deus.[5] Desse modo, embora todos nós necessitemos de um relacionamento com Deus e tenhamos sido bem recebidos por ele, os únicos que se privam da maravilhosa mudança que Deus realiza são aqueles que são esnobes demais para perceber sua própria necessidade.

Tenho certeza de que o coração de Cristo ficou partido ao ver aquelas pessoas tão santinhas, os líderes religiosos, perderem essas verdade simples, mas ele não deixou que isso o impedisse de levar adiante sua tarefa de oferecer ao mundo o perdão e um novo relacionamento com Deus.

Portanto, quando os radicais religiosos quiseram intimidar Jesus fazendo outra pergunta, ele os derrubou com uma outra resposta, baseada na graça de Deus. Essencialmente, Cristo disse que, quando Deus muda um homem, ele também muda os padrões de sua vida.

Deixe-me explicar. *Graça* significa favor imerecido ou, em outras palavras, um presente. Ela é gratuita, o oposto de esforço, trabalho e compensação. Os líderes religiosos judaicos acreditavam que o esforço próprio poderia alcançar o favor de Deus. Eles achavam que, se um homem fosse suficientemente religioso, se vivesse precisamente de acordo com certas regras e tradições, então Deus endossaria seus esforços, sorriria diante de seu sacrifício e concederia aceitação. Contudo, não é assim que Deus trabalha, e nunca foi. Embora esses dedicados estudantes das Escrituras do Antigo Testamento tivessem estudado as árvores (os detalhes da Bíblia), eles haviam esquecido a floresta (a questão geral do amor de Deus). O Antigo Testamento inteiro fala sobre os detalhes do caráter de Deus — perfeito, santo. Também é transparente em relação ao homem — falho, inclinado aos erros. A mensagem do Antigo Testamento — os mandamentos para agir como Deus agiria — tinham o propósito de mostrar à humanidade decaída que ninguém poderia ser suficientemente bom. Era um processo de instrução que tinha como objetivo levar as pessoas à admissão de seu fracasso e ao reconhecimento do fato de que todos nós precisamos do favor de Deus. A intenção da Bíblia é motivar os homens e mulheres a perceberem a necessidade que têm de Deus, que deseja nos dar descanso e conceder perdão.[6] Por todo o Antigo Testamento estava espalhada a mensagem de esperança para os desesperados: Deus perdoaria, aceitaria e justificaria se nós simplesmente acreditássemos que ele era capaz de fazê-lo.[7] Ele nos libertará da pena do pecado e nos aceitará plenamente perdoados. Isso é graça. Favor imerecido. É isso o que Deus nos dará — perdão —, mesmo que não o mereçamos. De fato, Deus nos dá graça apesar do fato de nós não a merecermos.

Desse modo, quando os líderes religiosos questionavam a falta de aderência de Cristo ao exaustivo ritual religioso do jejum, por meio de uma linguagem simples Jesus proclamou que Deus deseja que as pessoas celebrem sua graça, não que tentem ativamente conquistá-la.

O noivo dessa passagem é uma referência a Cristo, aquele que efetivou o dom gratuito do perdão de Deus para toda a humanidade. Os convidados do noivo são aqueles dentre nós que estão associados com ele. Devemos desfrutar de sua companhia e ignorar rituais religiosos desnecessários porque temos um relacionamento real, não ritual, com Deus. Não há necessidade de procurar outro método de conquistar o favor de Deus. A vinda de Cristo à terra significou que uma coisa totalmente nova estava acontecendo. Com uma coisa totalmente nova veio um processo ou um padrão totalmente novo para atrair as pessoas a Deus. Deus usou a Lei do Antigo Testamento, dada aos judeus e administrada pelo sistema religioso judeu, para demonstrar a necessidade que as pessoas tinham de Deus por meio do lembrete do fracasso pessoal que o não cumprimento da Lei de Deus traria. Por meio de Cristo, porém, Deus estava inaugurando uma nova maneira de chamar a atenção da humanidade. Deus atraiu o interesse das pessoas a si mesmo revelando seu amor infinito, seu perdão e sua aceitação por meio de seu Filho. Jesus foi uma alternativa tão atraente às exigências e aos conseqüentes fracassos de um rígido código de legalismo religioso que as pessoas se juntavam ao redor dele. Elas faziam isso naquela época e o fazem agora.

Mas nós temos dificuldade com isso. Lutamos com a mudança que envolve pessoas com as quais normalmente não nos associaríamos, lugares onde normalmente não iríamos e padrões que, de outra maneira, não empregaríamos. Temos dificuldade com as pessoas porque elas podem ferir nossa reputação, nosso senso de *status*. Estamos preocupados com nosso grupo social e como ele melhora nossa reputação e reflete nosso senso de dignidade e valor próprio. Estamos muito preocupados com os lugares aonde vamos, porque os lugares podem nos deixar inseguros e desconfortáveis. Preferimos a segurança e a proteção. Gostamos da elevação e do *status* de irmos aos melhores lugares e de alcançarmos as posições mais elevadas.

Novos padrões interrompem nosso senso de direção e significado. Passamos uma vida inteira desenvolvendo um certo estilo de vida e um meio que dê suporte a esse estilo. Mas a atitude de nos associarmos a pessoas para as quais a sociedade olha com desprezo, ir a lugares que a sociedade normalmente evita, fazer coisas que são anormais e contrárias ao fluxo normal das pessoas bem-sucedidas, isso é um desafio e, talvez, alguma coisa que Cristo mude em nós. Lembre-se daquela grande mudança que Deus fez em você — se você já passou pelo novo nascimento em Jesus. Você não está feliz com o fato de ele ter tirado de você alguns relacionamentos nos quais você estava envolvido, os lugares aonde ia, as coisas que você fazia? Você não acha que ele gostaria que ocasionalmente você se aproximasse de alguma pessoa com necessidades individuais que esteja presa na teia da autodestruição? Você pode ser o emissário de Deus que leva a mensagem de esperança para alguma alma necessitada. Você consegue entender que é um embaixador do Mestre?[8]

Talvez seja sábio considerar, à medida que você cresce e amadurece em Cristo, que pode ser que precisem acontecer algumas mudanças em você. Será que é preciso mudar as pessoas com quem você se associa, aonde você vai, como faz as coisas? Talvez exista algum espaço para a melhoria, e esse é o desafio da mudança.

Esta passagem nos dá permissão para mudar a maneira como desfrutamos nosso relacionamento com Deus e deveria fazer com que mudássemos a maneira como nos relacionamos com as pessoas. Também deveríamos procurar atrair pessoas para Deus ao refletir a abertura de Deus, e não a nossa rispidez.

Assim, os primeiros conceitos da orientação do Mestre foram novas pessoas, novos lugares e novos padrões. Agora, nosso Senhor encerra sua apresentação sobre a mudança com uma parábola. Usando duas ilustrações muito comuns para sua época, nosso Mestre nos instrui que os novos tempos necessitam de novos métodos, novos materiais e novos modos. Jesus lembra a seus ouvintes que, assim como um pano novo não pode servir de remendo para uma roupa velha, sob o risco de rasgá-la, também não se deve encher um recipiente antigo com um vinho novo sem que o recipiente se expanda e se rompa, o que faz com que todo conteúdo se derrame. As novas coisas devem ser acompanhadas por novas abordagens, as quais são mais capazes de acomodar a mudança. Infelizmente, o problema da rigidez não está confinado ao século 1º; ele está presente na igreja de hoje. Como um autor já sugeriu:

> O protestantismo está preso na rígida teia da institucionalização. Os odres ficaram rígidos e não é suficiente clamar por uma mudança culpo ou proclamar essa necessidade. O problema dos odres, ou seja, a estrutura da igreja, deve ser abordado.[9]

Certamente a igreja é desafiada a se adaptar a um mundo em constante mutação sem adotar a perspectiva do mundo.

Mas e quanto a você? O que é novo para você? A sua fé é nova? Você é um novo crente em Cristo? Se é, então procure novos amigos com quem se juntar, sem desprezar totalmente seu contato com os velhos amigos, as pessoas com quem Cristo gostaria que você se encontrasse mais adiante. Contudo, é imperativo que você se associe a pessoas que compartilham de seus novos valores e que vão apoiá-lo no aprendizado para reorientar sua vida na nova direção que você recebeu de Cristo.[10] Você provavelmente precisa estabelecer algumas novas prioridades como oração, estudo bíblico e adoração comunitária regulares. Você pode precisar de alguns novos hábitos, romper com os antigos, tais como a maneira como você vivia, trabalhava e se divertia, mas não a ponto de excluir ou ignorar seus velhos amigos. Cristo pode querer que você seja um ímã que atraia o grupo inteiro a você. Isso vai exigir alguma criatividade.

Talvez você seja um membro de longa data da comunidade de Jesus, mas está numa nova época de sua vida. Talvez alguma coisa tenha mudado no seu trabalho, na sua comunidade, na sua família ou na sua saúde. Como você vai reagir? Com os mesmos métodos antigos? Esta passagem nos lembra que os novos momentos necessitam de novos métodos. Criar adolescentes, por exemplo, exigirá novos métodos, diferentes daqueles que você usou para criar crianças pequenas. A comunicação com os clientes comerciais hoje é bastante diferente da dos dias anteriores a coisas como *sites* da Internet, faxes, telefones celulares e *e-mail*. Provavelmente tudo isso vai mudar ainda mais. Você está pronto?

Depois de 25 anos, o casamento precisa de novas idéias. Se você deseja ficar mais vibrante, romântico e próximo, então não pode fazer aos 25 anos aquilo que fazia aos 5 anos. Prossiga, mas tenha noção de que as coisas mudam.

Portanto, tenha cuidado: quanto melhor você for hoje naquilo que faz, maior será o desafio que você terá amanhã para fazer a transição para alguma coisa nova. Quanto mais tempo se faz uma coisa, mais inseguro você fica diante da perspectiva de mudar isso.[11] Como uma autoridade sobre mudanças já disse, "é preciso esforço para perceber no inimigo a melhor oportunidade que se tem" — sendo que o inimigo é a mudança. Nosso Senhor entende disso. É por isso que ele disse que as pessoas velhas, fazendo a mesma coisa velha, pensam que são suficientemente boas. É por isso que eu creio que Deus orientou Lucas para inserir esta seção das Escrituras em seu evangelho. Aqui, nosso Mestre reconhece a mudança, comemora suas oportunidades, vê sua inevitabilidade e, ao fazê-lo, nos prepara para confrontá-la de maneira bem-sucedida. Gosto muito disso porque aprendi que a mudança é constante e inevitável. A mudança será o ambiente do novo milênio. Preciso estar pronto, preciso está esperto e preciso confiar que Cristo vai me guiar. Pronto ou não, aí vem ela; a mudança chega rapidamente.

8

Rigidez

Regras sem amor

LUCAS 6.1-11

Que péssima maneira de terminar um grande dia. Era abertura da caça ao pato de 1997. Meus filhos e eu havíamos acabado de fazer uma das caçadas mais proveitosas de nossa vida. Então, quando estava arrumando os apetrechos de caça, eu o vi. Ele caminhou na direção da água, e eu sabia que aquele guarda-caça de cara amarrada e passos firmes iria ver meus documentos, perguntando sobre todos os aspectos de nossa caçada, e então analisaria minha arma e minha mochila. *Opa,* ele encontrou uma coisa. Lá estava ela, alguma coisa deixada da estação de caça ao pombo que eu havia esquecido de tirar da minha bolsa de caça. Você pode usar bala de chumbo para o pombo, mas alguns anos atrás o governo norte-americano mudou a lei em relação às aves aquáticas e definiu que a munição seria de metal. Eu estava violando a lei.

Como se essa burrice já não fosse suficiente, agora começava o interrogatório. Primeiramente, ele declarou a violação, citando a lei e, então, começou a fazer a citação. Aí as coisas pioraram: ele perguntou qual era minha profissão. Oh, como eu gostaria que naquele momento eu fosse vendedor, bombeiro, médico ou alguma outra coisa — qualquer coisa, menos um ministro religioso. Armado com essa informação, porém, ele deu início a um humilhante sermão sobre seu desapontamento comigo, "o ministro". Ele foi adiante, falando de sua própria situação espiritual e as expectativas da igreja que ele freqüentava. Além disso, ele disse de modo bastante aviltante como eu estava longe do padrão. Tudo o que pude fazer foi me segurar e dizer "sim, senhor". Para adicionar um insulto à injúria, ouvi mais tarde de meu filho mais velho que o guarda havia mencionado que pai ruim eu era e que exemplo vergonhoso eu estava dando — como se ele soubesse alguma coisa sobre mim ou sobre minha família! Eu queria socá-lo e salvar a minha reputação. Felizmente, quando pensei nisso, ele já tinha ido embora, e eu fiquei com a vergonha e o pesar.

Você precisa entender que eu cresci caçando patos. Durante vários anos, vi os limites de peso flutuarem, a mudança das leis quanto à permissividade de certos tipos de armas de fogo e uma miríade de outras questões legais evolutivas afetando esse esporte, sendo que nunca fui multado. Felizmente, eu não apenas me mantinha atualizado em relação às mudanças da lei, mas me lembrava de mudar as cápsulas, colocar o silenciador em minha arma, não atirar nas fêmeas e assim por diante. Só que dessa vez eu escorregara, e o homem designado para cumprir a lei estava ali para aplicá-la e expor minha violação. Tudo bem, o dia chegou, mas eu não esperava o ridículo e a condenação, nem achava que aquilo tudo fosse profissional ou até necessário. No entanto, o fato é que eu tinha os dois canos de um guarda verbalmente vingativo apontados para mim e me senti inferiorizado naquele encontro.

Você já passou por algo assim? E em relação a outros cristãos? Às vezes as pessoas mais legalistas e condenadoras que encontramos são aquelas que seguem o modelo de pessoa perdoadora, Jesus Cristo.

Pouco tempo depois de ter entrado para a fé cristã você depara com alguém que está muito disposto a destacar os seus infortúnios.

Eles são a polícia do "ei, você não devia fazer isso". Tipicamente, esse primeiro momento de confrontação faz com que você volte um passo para trás, intimidado, inseguro de si, envergonhado pelo fato de que, conscientemente ou não, você de algum modo fez algo errado, manchando a reputação da religião e, de alguma maneira, lançando uma sombra sobre o caráter do próprio Deus. A maioria de nós pára com a atitude imediatamente para rever a situação e descobrir o que foi que fizemos de errado. Que mandamento ou que outro princípio cristão nós acabamos de violar?

Contudo, aqueles que estão na fé há pouco tempo logo descobrem que as regras de comportamento codificadas pela comunidade cristã freqüentemente não têm nada a ver com o caráter de Deus, que é aquilo que a lei de Deus originalmente queria refletir e proteger. A passagem que estamos prestes a analisar (Lucas 6.1-11) nos dá um exemplo básico desse fato. Muitas das regras e regulamentos que terminam se entrincheirando nas tradições da comunidade cristã freqüentemente não refletem com precisão o caráter de Deus[1] ou "o bom propósito da sua vontade".[2]

Que devemos fazer? Quem pode esclarecer a confusão sobre quais regras devem ser obedecidas? Felizmente temos uma resposta e um exemplo no capítulo 6 de Lucas. Nessa passagem, veremos Jesus se levantando contra os legalistas de sua época ao demonstrar amor. De modo confiante, ele manifestará essas características especialmente atraentes de compaixão, apesar de forte oposição. Ele nos dá o exemplo de uma compaixão que se importa com as necessidades do indivíduo, não com a segurança de uma burocracia. Uma misericórdia que se compadece do necessitado ao mesmo tempo que demonstra uma coragem que ousadamente se levanta contra a insegurança das pessoas que sentem necessidade de estar no controle. E o controle, em última análise, é a semente do legalismo.

O legalismo floresce em sistemas governados por pessoas que encontram segurança ao estar no controle — total e sem ameaças. A raiz do problema, creio eu, é que os legalistas estão carregando um tanto de ansiedade, até mesmo de paranóia, que diz que "se não for feito dessa maneira — a minha maneira —, todo o sistema vai desabar". Que vergonha eles não terem aprendido a verdade fundamental de que podem entregar as ansiedades humanas àquele que está no céu, que controla todas as coisas e que nos permite estar debaixo de seu controle por meio do poder Espírito Santo. Esse é um relacionamento vertical baseado na fé, mas os legalistas não entendem a fé. Eles apenas conhecem regras.

Um dicionário define legalismo como "uma lei rigorosa, às vezes muito rigorosa, ou um código. Teologicamente, é a doutrina da salvação pelas boas obras".[3] Mas nós, cristãos, sabemos que a salvação é pela graça por meio da fé. Em outras palavras, nosso relacionamento com Deus é criado porque ele optou por nos aceitar, apesar de nossa indignidade, e nós cremos que ele cumpriria, e ele cumpriu, sua oferta. É um dom de Deus. Mas nós tropeçamos com freqüência nesse princípio simples, crendo que, de alguma maneira, devemos ganhar o favor de Deus por meio de adesão comportamental por meio de um código de conduta correta ou, pelo menos, que podemos manter o relacionamento por meio da rígida obediência a uma lista de regras predeterminadas e cheias de grande carga cultural. Essas mesmas pessoas mal orientadas estão sempre prontas para se meter em sua vida se você for pego andando fora da linha que elas estabeleceram. Que coisa infeliz. Como isso causa divisões e como é contraproducente. Como isso está longe da graça e da verdade. O apóstolo Paulo, autor da maior parte do Novo Testamento, é bastante claro ao afirmar qual é a perspectiva de Deus sobre a lei religiosa. Ele nos diz que a lei tinha a única intenção de ser um tutor, de nos ensinar que precisávamos de misericórdia e graça de modo que pudéssemos nos inclinar para chegarmos até Cristo.[4]

O problema do legalismo é que ele rouba a alegria da fé. Ele cria temor ao mesmo tempo em que busca controlar por meio da intimidação. Como resultado, ele afeta a maneira como você cuida de si mesmo (como veremos nos versículos 1-5) e pode afetar a maneira em que você cuida dos outros (versículos 6-11). Pessoalmente, creio que tudo começa com uma confusão quanto àquilo que é sagrado. Se nosso foco estiver direcionado para o *sagrado* errado, existe uma grande proliferação do ridículo, que sufoca a criatividade, limita a liberdade e silencia a alegria. Por fim, tudo isso ameaça nossa saúde espiritual.

Chuck Swindoll escreveu de maneira eloqüente sobre esse assunto, e suas palavras expressam meus sentimentos. Gosto muito dessa passagem de seu livro *The Grace Awakening*:

> Pessoas demais estão ficando desanimadas diante de uma concepção distorcida da vida cristã, em vez de receberem um convite atraente, contagiante, sensível e acessível, de esperança e satisfação por meio do absoluto poder de Cristo. Um número jamais visto de pessoas está projetando uma caricatura exigente e carrancuda da religião. Acho trágico que os desmancha-prazeres religiosos tenham quase conseguido eliminar a liberdade e a alegria da fé. As pessoas precisam saber que existe mais na vida cristã do que testas franzidas, dedos em riste e expectativas irreais. As ameaças já tiveram direito de falar por tempo demais.[5]

Vejamos se isso não é verdade quando relemos os dois relatos que Lucas registrou sobre o assunto. Nos dois textos, um tema é proeminente: a questão do sábado.

> Certo sábado, enquanto Jesus passava pelas lavouras de cereal, seus discípulos começaram a colher e a debulhar espigas

com as mãos, comendo os grãos. Alguns fariseus perguntaram: "Por que vocês estão fazendo o que não é permitido no sábado?".

Jesus lhes respondeu: "Vocês nunca leram o que fez Davi, quando ele e seus companheiros estavam com fome? Ele entrou na casa de Deus e, tomando os pães da Presença, comeu o que apenas aos sacerdotes era permitido comer, e os deu também aos seus companheiros". E então lhes disse: "O Filho do homem é Senhor do sábado".

Noutro sábado, ele entrou na sinagoga e começou a ensinar; estava ali um homem cuja mão direita era atrofiada. Os fariseus e os mestres da lei estavam procurando um motivo para acusar Jesus; por isso o observavam atentamente, para ver se ele iria curá-lo no sábado. Mas Jesus sabia o que eles estavam pensando e disse ao homem da mão atrofiada: "Levante-se e venha para o meio". Ele se levantou e foi.

Jesus lhes disse: "Eu lhes pergunto: O que é permitido fazer no sábado: o bem ou o mal, salvar a vida ou destruí-la?".

Então, olhou para todos os que estavam à sua volta e disse ao homem: "Estenda a mão". Ele a estendeu, e ela foi restaurada. Mas eles ficaram furiosos e começaram a discutir entre si o que poderiam fazer contra Jesus (Lc 6.1-11).

A questão enfrentada pela comunidade judaica nos dias de Jesus era se o sábado era sagrado. Ou seja, guardar o sábado era um princípio inviolável ao qual todas as outras questões estavam subordinadas? Os fariseus, uma seita religiosa de legalistas ou reguladores, estavam convencidos de que o sábado e todas as tradições em volta dele eram sagrados. Mas Cristo pensava de outro modo. Então, qual é o grande problema?

O sábado (do hebraico *shabbat*) significa "repouso, cessação de esforço". Deus deu início a ele quando "descansou" da obra da criação.[6] Mas ele não foi universalmente reconhecido até ser instituído por Moisés por meio dos Dez Mandamentos, que são o cerne da Lei mosaica. O propósito do sábado era dar ao povo de Deus um descanso de seu trabalho contínuo, que era resultado da Queda — a conseqüência de seu pecado original. A obra perfeita de Deus foi completada em seis dias e, assim, ele descansou no sétimo. A obra do homem não estará completa até que sejamos reunidos com Deus em seu Reino celestial por meio de Cristo, mas o sábado foi dado para que pudéssemos ter um lembrete dessa esperança. Portanto, devemos separar (santificar) um dia em honra a essa grande esperança, em honra a Deus. Nesse sentido, Deus o criou santo, especial, sem corrupção, um lindo símbolo de uma realidade ainda por vir.

Em sua obra clássica intitulada *Unger's Bible Dictionary*, Merrill Unger nos fala que a observância era de fato

> cessação total do labor [...] Moisés escreveu, por exemplo, que não se poderia ajuntar gravetos para cozinhar, transportar cargas, viajar ou fazer compras no mercado. Deveria haver uma celebração de adoração. Era para ser um dia de felicidade.[7]

De acordo com Unger, o objetivo da cessação e da adoração comunitária era dar aos humanos

> a oportunidade de se engajar em tais exercícios mentais e espirituais de modo a despertar a alma e o espírito, bem como fortalecer a vida espiritual. No sentido mais elevado, o sábado foi feito para o desenvolvimento e a felicidade espiritual do homem.[8]

Contudo, não demorou muito até que tudo isso fosse distorcido numa série tão elaborada de regulamentos específicos que dificilmente alguém poderia sair de casa sem quebrar o sábado.

Tenho a felicidade de ter em minha biblioteca vários comentários sobre livros da Bíblia. Esses comentários, com centenas de páginas sobre qualquer livro da Bíblia, são uma ampla explicação humana do texto das Escrituras. Você pode se imaginar tentando regular sua vida cristã com base na compilação de todos os comentários desses autores sobre todos os detalhes da Bíblia? É por demais opressivo. É impossível. Você já não acha suficientemente difícil apenas ler sua Bíblia e aplicá-la à sua vida em termos simples? O que dizer dos elaborados textos desses acadêmicos e teólogos? É tudo muito confuso, e a mesma coisa acontecia no século 1º.

De fato, os judeus do século 1º aprenderam que atividades como debulhar espigas com a mão para comer era o mesmo que fazer uma colheita e separar os grãos, sendo, portanto, atos de trabalho, que eram proibidos no sábado. Os judeus tinham permissão de caminhar apenas um certo número de passos a partir de sua casa; caso contrário, considerava-se que estavam viajando. E assim por diante. Era um ambiente sócio-religioso opressivo e incômodo, no qual o Senhor da graça adentrou naquela manhã de sábado.

No primeiro estudo de caso sobre legalismo, vemos Jesus e seus homens caminhando por entre um campo de cereal, pegando algumas espigas e comendo-as para saciar sua fome. Os fariseus ficam perturbados com isso e confrontam Jesus sobre essa violação das regras. Fico impressionado com a maneira como Cristo lidou com isso. Se fosse comigo, eu me voltaria para aqueles legalistas e os faria ler Êxodo 12.16, que explica que era permitido preparar qualquer comida de qualquer maneira que fosse necessária para a alimentação naquele dia. Também era permitido, de acordo com o texto de Deuteronômio 23.24,25, colher frutos ou vegetais de um jardim para se alimentar. Portanto, nosso Senhor não estava, de fato, quebrando a lei, mas estava descumprindo o código de comportamento que os religiosos haviam desenvolvido.

Cristo, porém, não usou essa tática. Em vez disso, ele se voltou para um trecho bastante obscuro das Escrituras que narra uma passagem da vida de Davi, destacando que ele teve permissão de "quebrar a lei" para comer o pão normalmente separado apenas aos sacerdotes. Essa concessão foi feita a Davi porque ele e seus homens estavam famintos enquanto fugiam de um rei insano e vingativo que havia condenado todos eles à morte. Essa permissão dada a Davi, estendida aos sacerdotes e permitida por Deus, evidenciou o fato de que o caráter de Deus é representado nos vários símbolos que usamos em nossas observâncias religiosas. Elas têm o propósito de mostrar sua santidade, mas também sua imensa preocupação com nosso bem-estar, porque ele nos ama. Símbolos religiosos têm o objetivo de serem instrutivos, não restritivos.

A lei original de Deus tinha como meta nosso benefício, não nosso mal. Ela deveria nos dar liberdade de conhecer a Deus e de desfrutar um relacionamento com ele, não de limitar nossa busca para conhecermos a Deus. O sábado era um descanso ordenado por Deus para o bem-estar dos seres humanos, que precisam de descanso de nosso trabalho constante.

Quando declarou que era o Senhor do sábado, Jesus estava dizendo aos legalistas que ele tinha autoridade para interpretar as Escrituras. Seu comentário sobre aquilo que era permitido dentro do objetivo da preocupação de Deus pelo bem-estar da humanidade foi a palavra final sobre o assunto. Não estamos felizes? Jesus comentou que o uso que Davi fez do pão consagrado foi permitido no espírito do sábado, pois sua alimentação aliviou o fardo da fome que eles sentiam, assim como um dia de descanso alivia o fardo do trabalho.

Esses fariseus haviam se desviado da questão principal da lei, que tem o propósito de garantir a saúde e o bem-estar da humanidade em relação às dificuldades que surgiram por causa da maldição. A lei se tornara um fim em si mesma e, portanto, uma nova maldição. O Senhor tentou graciosamente destacar isso para aqueles teimosos líderes espirituais de Israel ao contar novamente a história de Davi. Infelizmente, os rabinos não ficaram satisfeitos. Eles se atinham tenazmente à letra da lei, e, assim, outra confrontação se iniciou. Essa outra giraria em torno da cura.

Quando a lente de nossa compreensão se concentra em nosso próximo estudo de caso, vemos nosso Senhor participando da adoração numa sinagoga. Ele está lendo as Escrituras quando entra um homem com uma deficiência. Os legalistas estavam olhando atentamente para ver se ele ousaria curar um homem no sábado, porque sua lei proibia expressamente o exercício da medicina, considerando-o outra forma de trabalho. Eles estavam empoleirados em seu esnobismo, prontos para se atirar sobre ele com mais uma condenação. O Mestre leu a mente deles (o que já teria sido prova suficiente de que ele tinha autoridade para modificar seus padrões arcaicos) e, depois de ter chamado o homem para a frente da sinagoga, perguntou à multidão se era correto fazer o bem ou o mal no sábado. Jesus perguntou se o sábado era para salvar vidas ou destruí-las. Foi uma excelente pergunta para destacar o propósito dos dias santos instituídos por Deus.

Sem esperar por uma resposta, nosso Senhor curou o homem, substanciando assim a amorosa intenção de Deus para com a humanidade. Sua lei tinha o propósito de beneficiar a você e a mim. A cura do Mestre provou isso. A cura alivia o fardo da aflição, assim como um descanso permite que as feridas e as dores do trabalho tenham tempo para se curar. Essa foi a interpretação que Jesus queria que os judeus reconhecessem, mas eles estavam cegos por suas próprias regras. Infelizmente, os fariseus dos dias de Jesus erraram mais uma vez — como fazem os fariseus de hoje. É triste, mas verdadeiro, que esse tipo de pessoa valorize o controle como um antídoto para suas inseguranças, em vez de considerar a graça por meio da fé.

Em favor dos judeus do século 1º eu ainda digo que algumas de suas paranóias tinham um certo fundamento. Suas inseguranças brotavam de seu fracasso como uma nação para adorar a Deus de maneira exclusiva, acima de todas as outras formas de adoração. O que começou como um movimento nacional para preservar a consciência moral de sua nação terminou levando à ridícula rigidez dos dias de Jesus. Aqueles ancestrais judaicos tinham experimentado a mais hedionda agonia da perseguição por meio de seu exílio na Babilônia, que se estendeu de 605 a 445 a.C. Eles juraram nunca mais cair em infidelidade espiritual. Assim, para proteger sua comunidade das influências da cultura pagã e fornecer a estabilidade de sua vida espiritual, eles desenvolveram o código conhecido como Talmude. Nos dias de Jesus, porém, o código havia ficado tão concentrado na vida de um judeu piedoso que o único teste por meio do qual um homem ou uma mulher podiam se sentir aceitos na comunidade era a submissão às regras religiosas do judaísmo. O custo de toda essa restrição era uma vida religiosa sufocante, morta e sem alegria. Jesus procurou desmantelar essa camisa de força naquela época, e ele ainda o faz hoje.

Sendo assim, qual é o benefício dos símbolos religiosos? Creio que os símbolos da adoração têm o propósito de desenvolver a piedade. Infelizmente, os símbolos podem ser vistos, em última análise, como os meios para se alcançar piedade. Em algumas tradições cristãs, os sacramentos — o batismo e a ceia do Senhor, também chamada de eucaristia — que têm o propósito de refletir a graça que já foi concedida ao cristão, são em vez disso transformados para se tornar a provisão da graça. Em vez de ser uma celebração visual da concessão invisível do amor de Deus a uma pessoa de fé, eles se tornam um termômetro. Nós nos pegamos lutando e às vezes nos esforçando para sermos dignos de receber essas graças. Algumas pessoas, por exemplo, freqüentam a missa ou o culto rigorosamente e seguem o catecismo de maneira obediente para alcançar um nível de condescendência por meio do qual as autoridades religiosas possam então reconhecer a concessão de graça e, por assim dizer, permitir que elas entrem para o clube.

De maneira inversa, para outros, as tradições legalistas possuem sistemas desenvolvidos por meio dos quais se uma pessoa se comportar de uma certa maneira, ela será considerada indigna da comunhão, chegando até mesmo a ter seu relacionamento pessoal com Deus questionado. O comportamento fora desses códigos rígidos atesta, para os novos legalistas, que a graça de Deus não está trabalhando em sua vida. Dançar é proibido, beber é proibido e dias especiais devem ser lembrados de maneira rigorosa. Atividades especiais devem ser executadas. A diversão pode ser excluída e outras partes da cultura são consideradas ímpias ou indesejáveis.

Mas eu tenho uma pergunta: quem diz isso? Prefiro que reservemos alguns minutos para pensarmos em nós, e então façamos a nós mesmos a pergunta: por que fazemos o que fazemos?

Se o modo como você se comporta é a maneira na qual você ajuda os outros a conhecer a Cristo, ou se aquilo que você faz é a maneira pela qual você desenvolve seu relacionamento com Cristo, parece-me que esse é o seu jeito. Creio realmente que a questão sobre aquilo que você deveria fazer ou não (sobre uma questão que não é abordada nas Escrituras) é uma questão entre você e Deus e, naturalmente, de sua esposa, que vive com você. Portanto, se você pode justificar seu comportamento diante de Deus, quem sou eu para falar de maneira diferente? Se você quer experimentar a liberdade de Deus numa questão em particular,[9] então sugiro que você processe a questão por meio dos passos a seguir. Primeiramente, certifique-se de que a questão é verdadeiramente opcional e que não entra em conflito com as Escrituras, incluindo aquelas passagens que nos dizem para levar em consideração como nosso comportamento influencia os outros[10], e então dê o passo seguinte. Segundo, procure o conselho de seu cônjuge e de amigos cristãos de confiança. Terceiro, certifique-se de que sua intenção não é rebelde, mas que verdadeiramente é para a edificação de outras pessoas, para que elas também possam conhecer a Deus. Por último, depois de ter orado e sentido a paz de Deus, faça.

A questão não é se meus meios de conhecer a Cristo e fazê-lo conhecido devem ou não ser seus meios. A questão dessa passagem é que as regras religiosas têm o propósito de se concentrar num líder religioso — Jesus, nosso Salvador. Elas não devem ser um fim em si mesmas. Os dias religiosos têm o propósito de ser um benefício para o povo de Deus. O alívio que Deus nos dá é para nosso benefício, não para nossa aceitação social ou religiosa por parte de outros.

Alexander Solzhenitsyn, vendo os perigos de uma sociedade legalista, nos oferece ajuda quando escreve:

> A sociedade baseada na letra da lei e que nunca alcança qualquer melhoria deixa de tirar vantagem da ampla gama das possibilidades humanas. A letra da lei é fria e formal demais para ter uma influência benéfica sobre a sociedade. Todas as vezes que o tecido da vida é entrelaçado por relacionamentos legalistas é criada uma atmosfera de mediocridade que paralisa os mais nobres impulsos do homem.[11]

Isso não é bom? É preciso ter uma iniciativa diligente para perguntar a nós mesmos aquilo que Deus quer que façamos, em vez de deixar que outra pessoa pense por nós. É preciso autodisciplina para investir tempo nas Escrituras, orar e meditar para descobrir a mente de Deus e conhecer a pessoa de Deus, em vez de confiar de maneira negligente e enfadonha nos repetitivos mantras religiosos de algumas formas de legalismo. É preciso criatividade e nobreza para caminhar na arena de nossa cultura secularizada e se propor a caminhar da melhor maneira possível como Jesus caminhou, como refletir de maneira não apologética seu amor e sua graça aos outros. É preciso ser um homem do Mestre para estender corajosamente seu perdão, convidar o pecador a conhecer a Cristo como você o conheceu, e tudo isso sem levantar barreiras desnecessárias.

Todavia tenha cuidado, pois há um grande número de oponentes dessa maneira de pensar. As pessoas normalmente são desconfiadas e competitivas. Suas inseguranças fazem com que elas busquem a uniformidade antes de permitir a individualidade. Em última análise, é um desejo pelo controle. No desejo de controlar, terminamos controlando processos. E, no desejo de controlar processos, terminamos controlando pessoas — as mesmas pessoas que Cristo disse que veio libertar.[12]

As características da oposição são *conformidade*, que não gosta da individualidade; *rejeição*, que dá origem ao isolamento; *divisão*, que destrói a comunhão; *rigidez*, que tende a sufocar a criatividade; e *condenação*, que deixa todos sentindo-se culpados, exceto aquele que exerce o controle. Nesse sistema, tudo está pintado da mesma cor e ninguém tem permissão de pintar fora das linhas.

Nosso Senhor, porém, não tem limites em sua paciência, não quer que ninguém perca sua graça, e sim deseja que todos desfrutem de sua companhia. Assim, ele tolera nossos sistemas mesquinhos ao mesmo tempo que nos chama a uma vida de fé sem amarras. Certamente existe apenas um caminho para o céu, que é por meio de Jesus Cristo, nosso Senhor. Mas há muitas maneiras de expressar nosso amor e afeição por ele e de expressar seu amor aos outros no nosso mundo. Tenha cuidado ao adotar a política de alguma outra pessoa; tenha cuidado para não impor sua política sobre os outros também.

Mas quais são os remédios para o legalismo?

Eu diria que o primeiro e mais importante é o amor. Amar a Deus com todo seu coração, mente, alma e força vai capacitá-lo a amar os outros como você ama a si mesmo e a fazer aquilo que é melhor para eles, no lugar daquilo que é melhor para você. O amor vai capacitá-lo a permitir que os outros tenham a flexibilidade de que precisam para crescer em seu relacionamento com Deus, até mesmo permitir que as pessoas cometam seus próprios erros sem condenação e rejeição. O amor nos ajuda a reconhecer que Deus é Deus, e que nós não somos seus delegados para julgar os outros.

À medida que você caminha pela vida e encontra uma oposição competitiva no âmbito religioso, permita-me oferecer um conselho. Primeiramente, reconheça a filosofia que está por trás daquilo. Ela faz sentido? É lógica? Existe alguma possibilidade de seu oponente estar certo? Esse é um assunto para reflexão e revisão pessoais. Não estou sendo condescendente com a libertinagem. Não estou dizendo que qualquer coisa na fé cristã é certa uma vez que conhecemos a Cristo. Por isso é importante dar atenção ao que os outros estão fazendo e dizendo para ver se alguma parte daquilo se aplica a nós. Mas não fique preso àquilo simplesmente porque eles disseram. Use sua cabeça. Pergunte a Deus o que é melhor para você.

Segundo, reveja sua posição e sua motivação. Certifique-se de que seu coração está correto e que os princípios sobre os quais você está se baseando vão suportar biblicamente o peso da sua convicção e de seu esforço. O que a Bíblia diz sobre essa situação? O que ela não diz? Talvez o silêncio da Bíblia permita que você tenha uma certa liberdade que os outros não perceberam.

Se é assim, então, em terceiro lugar, reaja de maneira adequada. Quanto àqueles que realmente discordam e não entendem aquilo que você está fazendo, discuta o assunto até onde você puder e argumente com eles. Alguns legalistas condenadores precisam de um tempo de conversa e de esclarecimento. Por outro lado, alguns precisam de confrontação. Eles têm de ouvir que não devem apontar o dedo para seu nariz. Lembre-se de que o legalismo tem a tendência de crescer e que a única maneira possível de interromper a intimidação é nos colocarmos de maneira firme. A confrontação bíblica (ou seja, falar a verdade em amor) é um passo que às vezes devemos dar. Lembre-se também de que ninguém precisa de retaliação. Em último caso, deixe pra lá se você não conseguir chegar a um acordo com aquele que o condena. Deixe que ele siga seu caminho e que você siga pelo seu.

Em quarto e último lugar, permaneça no curso. Se você está fazendo o que é certo pelas razões certas, vá adiante. Receber pedradas é simplesmente uma parte de ser alguém que faz diferença em Cristo. Como homens que buscam conhecer a Cristo e fazê-lo conhecido, não deveríamos nos surpreender com o fato de que nosso mundo não vai nos entender. De vez em quando, até mesmo nossos colegas cristãos vão nos desprezar. Não se surpreenda com o conflito. Não se surpreenda com o legalismo institucionalizado e com seus obstáculos, que sufocam o crescimento da igreja e desafiam nosso entusiasmo pela graça. Espere por ele, exponha-o quando for apropriado, expresse a alternativa que está disponível em Cristo e certifique-se de examinar suas próprias motivações, de modo que aquilo que você faz seja feito em amor e na graça que Deus derramou sobre você e que deseja compartilhar com os outros.[13]

Ainda fico chateado quando penso naquele guarda vindo em minha direção, sendo tão duro. Isso diz alguma coisa sobre o quão dolorosos são os efeitos do legalismo sobre nós também. Talvez seja por isso que esse assunto seja tão importante para mim. Não quero ser alguém que bloqueia a graça. Não quero ser um condenador. Quero ser como Jesus. Quero colocar a graça na vitrine. Quero que aquele guarda realmente desfrute de seu relacionamento com Cristo também e que não deixe que todos os infratores da lei roubem-lhe a alegria. Talvez, quem sabe, ele venha a ler este livro. Desejo tudo de bom a ele se o ler, e desejo isso a você também. Deus o abençoe.

9

Decisões

Decidindo corretamente

LUCAS 6.12-19

Tomadores de decisão. Você os encontra em todos os tamanhos e formas. Alguns são procrastinadores: "Vamos esperar". Existem aqueles que tomam as decisões imediatamente: "Agora". Alguns ficam de fora: "Você decide". Alguns são cínicos: "Você sabe o que tem de fazer". Alguns analisam: "Vamos pesar os prós e os contras". Creio que todos eles têm seu lugar e todos podem ser mal usados. Mas quero fazer a seguinte pergunta: quando a coisa realmente aperta e é hora de tomar uma decisão muito importante, uma que vai mudar a situação e a direção de seu futuro, como você toma essa decisão tão importante? Você está suficientemente informado sobre suas implicações para reconhecer que a questão é crítica?

Este é um tópico de enorme importância porque estamos em constante processo de tomada de decisão e, durante toda a vida, tomaremos várias decisões de fundamental importância. Onde vamos estudar? Com quem vamos nos casar? Além disso, lidamos com o direcionamento da carreira, compras grandes, aquisições em função do estilo de vida etc. Aposto que, se você for honesto, neste ponto da vida você precisa admitir que já tomou uma quantidade suficiente de decisões erradas e teve que viver com suas conseqüências. Eu sei que já fiz isso. E você?

Lembro-me de quando tinha 16 anos e mal podia esperar para ter um carro. Não tinha um tostão furado no bolso, mas sabia que carro eu queria. Um amigo mais velho da escola tinha um lindo Chevy 1957. O interior era todo estofado, e o exterior era pintado de um azul maravilhoso. O rapaz havia gasto uma fortuna, equipando o carro do farol à luz de freio; ele era maravilhoso. Agora, não me interprete mal. Não sou tão velho assim. Isso não aconteceu em 1958, mas, quando eu estava no colegial, no início da década de 1970, aquele modelo 57 era um carro clássico e muito legal de se possuir. Quando meu amigo decidiu vender o carro, fui um dos primeiros a dar uma volta nele e concluí que ele era tudo o que eu havia sonhado. Contudo, o preço não era exatamente o que eu podia pagar. Fiquei muito triste, a ponto de ficar doente. Meu sonho transformou-se rapidamente em resignação. "Nunca serei capaz de comprar esse carro", suspirei. Contudo, eu teria feito qualquer coisa para conseguir comprar aquele carro.

Então, repentinamente, meu sonho (ou pesadelo) ressuscitou. Recebi um telefonema alguns dias depois. O carro estava à venda outra vez. O antigo comprador desistira, e o preço havia baixado significativamente. Disseram-me que o carro poderia ser meu se eu agisse rapidamente. E foi isso o que eu fiz. Levei meu pai para vê-lo. Demos a partida e percebemos que havia um barulho engraçado, mas não era "nada para se preocupar; tenho certeza de que ele só precisa de um pouco de óleo ou alguma coisa assim". Contei isso ao meu pai, que era qualquer coisa, menos mecânico. Assim, comprei o carro contra a vontade dele e me tornei o orgulhoso dono de um carro quebrado. Parece que o dono anterior costumava correr muito e danificou o mancal por acelerar demais nas corridas de rua. O comando de válvulas estava arruinado, prestes a arrebentar os tuchos. Estava envergonhado demais para admitir minha ignorância e pedir que meu dinheiro fosse devolvido. Assim, em vez de dirigir meu carro triunfantemente no verão do ano em que completei 16 anos, passei todo aquele verão reformando o motor.

Reformando completamente, quero dizer. Tiramos aquele motor do carro, compramos um novo comando de válvulas, novas bielas, novos tuchos, novos pistões, novos anéis, retificamos a cabeça dos cilindros, colocamos novas gaxetas, bem, você sabe a lista completa. Levou o verão inteiro para fazer isso e, para conseguir pagar, trabalhava durante o dia num emprego remunerado e naquele carro durante a noite e nos finais de semana. Nós (meu irmão de doze anos e eu) de alguma maneira conseguimos colocar tudo junto de novo. Então fizemos com que ele funcionasse, dirigi por alguns meses e então o vendi praticamente pelo mesmo valor que havia pago por ele. Esta foi provavelmente uma das decisões mais estúpidas que já tomei na vida: comprar alguma coisa porque desejava demais, em vez de reconhecer a sabedoria de meu pai, que me aconselhara a abandonar a idéia.

Contudo, posso dizer que aprendi muito e Deus continua a usar as lições daquele automóvel para me dar orientação e conselhos hoje. De fato, em mais de uma vez essa experiência prática me ajudou a me relacionar com os homens na Earnhardt Racing Shop, naquele estudo bíblico semanal. É claro que o que eles fazem é infinitamente mais sofisticado do que o que eu fiz naquele verão.

Você também deve ter sua cota de decisões estúpidas. Tal como eu, você provavelmente teve o bom senso de fazer algumas boas escolhas e, como resultado, está desfrutando dos benefícios. Creio que a melhor decisão que já tomei foi casar-me com minha esposa, Brenda. Depois de namorar garotas demais para saber o que eu queria e não ter encontrado o que eu sabia que era melhor, sentia-me um solteiro desanimado. Então, em 1975, na madura idade de 22 anos, encontrei a mulher dos meus sonhos e minha futura noiva. Estava realmente comprometido em ser solteiro porque tenho um alto grau de experiência em ser egoísta e de gostar do meu egoísmo. Eu sabia que o casamento me custaria muito em termos de independência, e assim foi. Mas ainda assim foi uma das melhores decisões que já tomei na vida. Brenda é a pessoa certa para minha vida e continua sendo uma constante fonte de bênção e alegria, mesmo depois de vários anos. Assim são as boas decisões. Os resultados positivos delas têm uma tendência de se perpetuar em nossa vida.

Nesta próxima seção das Escrituras, temos o privilégio de ver nosso Senhor tomando uma decisão muito importante. Esta decisão é fundamental porque ela afetará a perpetuidade da mensagem de sua vida, que traz ao mundo a salvação por meio do evangelho. O processo de Cristo é simples, mas não é fácil, embora seu trabalho gere uma inestimável colheita de bênçãos. Seus princípios fornecem um método hermético para tomar decisões-chave de maneira bem-sucedida. Lucas escreve:

> Num daqueles dias, Jesus saiu para o monte a fim de orar, e passou a noite orando a Deus. Ao amanhecer, chamou seus discípulos e escolheu doze deles, a quem também designou apóstolos: Simão, a quem deu o nome de Pedro; seu irmão André; Tiago; João; Filipe; Bartolomeu; Mateus; Tomé; Tiago, filho de Alfeu; Simão, chamado zelote; Judas, filho de Tiago; e Judas Iscariotes, que veio a ser o traidor.
>
> Jesus desceu com eles e parou num lugar plano. Estavam ali muitos dos seus discípulos e uma imensa multidão procedente de toda a Judéia, de Jerusalém e do litoral de Tiro e de Sidom, que vieram para ouvi-lo e serem curados de suas doenças. Os que eram perturbados por espíritos imundos ficaram curados, e todos procuravam tocar nele, porque dele saía poder que curava todos (Lucas 6.12-19).

Provocação

Normalmente, as decisões críticas têm um evento desencadeador. Passar ou não por uma cirurgia, por exemplo, é uma ação que provavelmente se deve ao diagnóstico prévio de um problema. Assim foi com Jesus aqui. Como acabamos de discutir no capítulo 7, quando você pega a idéia de um texto no meio, é necessário voltar e ler o relato anterior para entender plenamente o contexto. Precisamos perguntar a nós mesmos o que estava acontecendo. O que vemos é uma crescente indignação em relação a Jesus. De fato, havia tanta resistência a seu ministério que sua vida corria perigo. Nosso Senhor sabia que ele iria morrer mais cedo mais tarde — todos nós vamos passar por isso —, e sua morte teria como base nossa redenção. Ela era necessária, embora fosse violenta e dolorosa, bem como resultante de rejeição. Embora Jesus estivesse literalmente no controle do tempo, todavia a missão que lhe fora prescrita exigia que ele morresse. Vemos aqui o contador de tempo fazendo a contagem regressiva até sua crucificação. À luz disso, surge a pergunta: com uma vida tão breve, como ele poderia esperar que o mundo todo fosse evangelizado? Ou seja, como seria possível seguir por aí fazendo um convite a homens e mulheres para receberem o perdão de Deus por meio da fé se ele não estivesse presente? De que maneira poderia completar sua missão se estivesse morto? Essa era a questão crítica e estratégica que Cristo enfrentava nessa situação, e sua decisão carregava o peso da salvação do mundo juntamente com ela. Robert Coleman nos ajuda com a resposta:

> Jesus dedicou a maior parte do resto de sua vida na terra a esses discípulos. Ele literalmente apoiou todo seu ministério sobre eles. O mundo poderia ser indiferente para com ele e, ainda assim, não derrotaria sua estratégia [...] Se Jesus tivesse dado ênfase ao sentimento popular entre as massas, ele facilmente

> poderia ter tido todos os reinos dos homens aos seus pés [...] Mas Jesus não jogaria de acordo com a torcida [...] Por quê? Por que Jesus concentrou deliberadamente sua vida em um número comparativamente pequeno de pessoas? A resposta a essa pergunta se concentra no real propósito de seu plano de evangelismo. Jesus não estava tentando impressionar a multidão, mas sim apresentar o Reino. Isso significava que ele precisava de homens que pudessem liderar as multidões. Qual seria o propósito desse objetivo derradeiro de animar as massas a segui-lo se essas pessoas não tivessem uma supervisão posterior, nenhuma instrução sobre o Caminho? [...] Conseqüentemente, ele se concentrou naqueles que deveriam ser o início de sua liderança. Embora tivesse feito o que podia para ajudar as multidões, ele precisava se dedicar primeiramente a alguns poucos homens, em vez de às massas, para que as massas pudessem pelo menos ser salvas. Essa é a genialidade da sua estratégia.[1]

Jesus sabia melhor que ninguém que precisava de alguns poucos bons homens. Mas quem? Dos muitos que o ouviram e dos poucos que o seguiram, com quais poderia contar para aprender e então aplicar os métodos que nosso Senhor queria ver replicados?

Processo

O processo que nosso Senhor usou nessa seleção tão importante foi de fato intencional de sua parte durante todos aqueles muitos meses. Talvez não seja tão óbvio para nós, mas ele está logo abaixo da superfície de cada relato de seu ministério. Isso estava presente no dia que ele falou na sinagoga de sua cidade natal, quando zombaram dele e o expulsaram da cidade. Obviamente aquelas pessoas não serviriam. Estava também presente em cada uma das visitas sucessivas a André, Pedro, Tiago e João. Eles ouviram; eles estavam dispostos a ajudar, confiar e tentar, e assim foram adicionados à sua pequena lista. Estava presente em todas as confrontações com os fariseus. Eles argumentavam e se opunham; jamais se poderia confiar neles para representá-lo depois de sua morte. Também estava presente em suas pregações e em seus milagres no meio da multidão. Eles ouviram porque estavam curiosos ou porque estavam famintos,[2] mas não porque estavam comprometidos. Assim, saíram da lista. Então quem? Como ele saberia?

Ele sabia porque pediu e Deus lhe deu orientação. Lemos no relato de Lucas que, depois de seu longo período de análise, de levantamento de fatos e de testes, ele submeteu a questão a Deus em oração. Sua ação não foi uma breve palavra de dois minutos, mas uma longa conversação, um pedido ardente que durou a noite toda. Não tenho dúvidas de que esta oração incluiu uma recapitulação de sua lista de tomada de decisões.

Você já orou seguindo uma lista? Tenho certeza de que, quando você está no meio de uma decisão importante, você faz uma lista de prós e contras e toma nota das opções disponíveis. Você provavelmente anota os riscos e as recompensas. Creio que qualquer boa lista incluiria, primeiramente, toda informação necessária e pertinente à questão. Talvez também incluísse exemplos de sua própria experiência em situações similares. Ela também deveria incluir uma revisão dos textos bíblicos que são relevantes para a questão diante de você, assim como pensamentos e conselhos de amigos cristãos de confiança. Então, o item derradeiro: oração — oração durante todo o processo e oração no final.

Espero que percebamos o valor da oração. Espero que façamos mais do que dar uma atenção passageira à necessidade de orar durante o processo de decisão. Não é preciso que dure a noite inteira (embora isso possa acontecer), mas a oração deve ser longa o suficiente para colocar o assunto plenamente diante de Deus e permitir que você se levante com um senso de convicção daquilo que deve fazer. Depois de tudo, se você ainda não estiver convencido, talvez seja hora de não fazer mais nada, a não ser reunir mais fatos e esperar por um momento mais adequado, enquanto continua a orar sobre aquilo até que tenha a certeza da orientação de Deus.

Produto

Bem, chegou o dia da decisão, e é hora de apertar o gatilho. A hesitação vai afetar você e aqueles que confiam em você. Jesus tomou sua decisão em oração à noite, sozinho com Deus. Contudo, tão logo foi possível, na manhã seguinte, ele colocou a decisão em prática fazendo sua escolha. Era uma decisão específica e irreversível. Pelo fato de ter sido buscada tão deliberadamente, ela foi um sucesso imensurável. No mundo de hoje, todos aqueles que conhecem a Cristo pessoalmente podem apontar para essa decisão como um motivo de a seita cristã não ter caído no esquecimento poucas gerações depois da morte de seu fundador. Ele escolheu muito bem. Ele apontou homens que o representariam fielmente e que levariam às massas a mensagem de sua vida e de sua missão. Ele selecionou bem porque esperou até a hora certa e tinha todos os fatos necessários para garantir o sucesso.

Entretanto o tempo é a chave. Se a velocidade não é essencial, o tempo é. Cristo tomou sua decisão no momento correto. Ele deu a si mesmo apenas o tempo suficiente para treinar habilmente seus homens antes de os lançar no ministério do evangelho sozinhos.

Publicidade

Cristo, porém, não havia encerrado o processo de decisão. Nenhuma decisão está tomada completamente até que informemos todos aqueles que são afetados. Nesse exemplo, Jesus desceu com os doze para anunciar sua escolha às multidões. Isso aconteceu logo depois de tê-los convidado para uma conferência particular na qual ele lhes conferiu sua nova designação como seus doze apóstolos.[3] Os homens precisavam da garantia de que o próprio Cristo os havia escolhido. Eles não ouviram a notícia da boca de outros. As multidões precisavam ser informadas da escolha desses doze emissários, pois eles agora começariam a representar Cristo ao povo. Tal como médicos fazendo residência num hospital, eles começariam a realizar muitas das tarefas ministeriais de Jesus como seus substitutos e olhariam para trás, para esse momento de confirmação, para obter credibilidade diante das massas e confiança em si mesmos.

Perseverança

Finalmente, percebo que as coisas continuaram como de hábito. Essa decisão não provocou uma grande mudança nas operações. Cristo voltou imediatamente a seu trabalho anterior. Ele continua ensinando, curando e ajudando aqueles que eram oprimidos por demônios. As boas decisões fazem isso. Elas estendem sua influência sem alterar seu estilo. Posso me lembrar de pelo menos dois resultados significativos de decisões boas ou corretas.

1. Boas decisões são inconfundíveis. Elas se destacam do resto das decisões tomadas em sua vida por causa da atemporalidade, do impacto ou da mudança. Elas são a grande marca-d'água de uma vida de responsabilidade e autoridade que Deus confiou a você. Estou convencido de que Deus não espera que sejamos perfeitos no processo de tomada de decisão, mas que aprendamos e melhoremos. Se não fosse assim, ele não teria escrito passagens como Joel 2.25 e Isaías 43.18. Contudo, ele realmente nos concede a capacidade de que precisamos à medida que confiamos nele e apelamos para sua sabedoria para fazer a coisa certa no momento correto quando as grandes questões estão em pauta. Quando fizermos isso, notaremos que aquelas boas decisões se colocam acima do resto. Elas marcam o caminho de nossa vida por causa de sua importância. Entre algumas dessas marcas temos educação, carreira, casamento, família e localização geográfica.

Lembro-me de minha decisão de casar com Brenda. Já havia pensando nas características que mais desejava numa esposa. Avaliei o que eu tinha a oferecer como também meu passivo. Já havia namorado muito, testado outros relacionamentos para verificar a compatibilidade, tentando descobrir o que funcionava e o que não funcionava, procurando pela química correta. Mas, quando fiz a proposta, ela veio espontaneamente. Não planejei nada — simplesmente fiz o pedido numa noite quando estávamos jantando juntos. Foi uma boa decisão? Foi uma decisão maravilhosa! Minha vida é muito mais plena, feliz e mais eficiente do que teria sido sem ela. Ela foi tomada rapidamente? Não. O processo durou vários anos. Ela foi tomada por meio de oração? Sim. Embora eu não fosse forte na minha fé naquela época, realmente exerci a fé que eu tinha para pedir a Deus que me conduzisse à minha esposa. Isso orientou o curso de minha vida? Sim, certamente. Se tivesse casado com outra mulher, quem sabe qual direção eu teria tomado?

2. Boas decisões agem como nossas embaixadoras. Elas estendem nossa influência e nosso impacto em nosso âmbito de responsabilidade. Elas refletem nosso caráter, valores e fé. Olhando para trás, tenho certeza disso. Posso ver que minhas decisões ruins limitaram meu impacto e truncaram minhas oportunidades. Contudo, quando tomo a decisão realmente correta, percebo que eu e minha influência crescem, e o impacto é mais fortemente sentido em favor de Cristo. Meu casamento, por exemplo, estendeu minha influência a famílias e comunidades com as quais eu jamais havia sonhado. Também foi um reflexo de meu caráter interior. Você sempre pode dizer isso pela qualidade da escolha que você fez.

O processo de decisão representou essencialmente aquelas duas coisas por toda minha vida. Posso ver distinção e extensões nas decisões sobre a faculdade e a minha carreira, nas decisões sobre filhos, estilo de vida e outras coisas. É assim que funciona com você também.

Sendo assim, qual é o resumo da ópera? Decisões ruins ameaçam nossa influência e diminuem nossa eficácia. Decisões ruins aumentam nosso estresse e alteram nossos relacionamentos. Podemos evitá-las? Nem sempre. Mas eu realmente creio que a média de nosso processo de decisão pode melhorar à medida que seguimos o plano do Mestre para fazermos as escolhas da vida. Como homem, sincero, alerta, desejoso por seguir o Mestre, estou comprometido a processar minhas decisões dessa maneira. Homens, façam isso. Vamos fazer isso juntos.

10

Integridade

Colocando sua ética em prática

LUCAS 6.20-38

Durante um almoço, havia seis pessoas ouvindo dois homens descreverem os desafios que eles enfrentaram tentando manter os relacionamentos com velhos amigos que pareciam inclinados a testar sua fé. Bob, o primeiro a falar, contou uma história atrás da outra sobre situações difíceis nas quais um amigo seu tentou ir além dos padrões morais com ele. Bob poderia ter encerrado a amizade com aquele homem, mas ele queria desesperadamente ver seu velho amigo de escola encontrar a fé em Cristo. O amigo, porém, permanecia cético, "simplesmente esperando que eu cometesse um erro", suspirou Bob, "para que tivesse oportunidade de me rotular como mais um cristão hipócrita".

Foi depois disso que a conversa ficou realmente interessante. Bob, um bem-sucedido corretor de ações, disse-nos que recentemente outro amigo lhe fez uma pergunta muito importante: "O que você faria se seus melhores clientes chegassem aqui na sua cidade e pedissem que você os levasse a um clube para homens?". É preciso entender o contexto dessa pergunta. Os clientes de Bob são pessoas muito bem-sucedidas de várias partes do país e também do exterior. Eu achava que ouviria a típica cantiga dos homens de negócios. Mas em vez disso, Bob nos disse, com a firme convicção de um homem que já pensou nesse problema e preparou a resposta: "Bem, eles não seriam mais meus melhores clientes. Eu lhes diria que teriam de ir sozinhos". Com esse comentário, Gary, o outro homem que estava na mesa juntamente com sua esposa e os outros casais, disse-nos de que maneira ele também teve que estabelecer fronteiras para si mesmo para manter seu testemunho em favor de Cristo. Eu estava fascinado à medida que ouvia esses dois homens de negócios falarem sobre a necessidade de limites morais como uma demonstração visível de sua fé cristã. Eles sentiam (e, naturalmente, eu concordo) que ser cristão exige que se trace algumas linhas (fronteiras). Eles estavam dizendo uns aos outros que precisavam desenvolver um senso do que é e do que não é permitido para eles como homens de negócios cristãos.

Fiquei impressionado. Com o passar do tempo, já ouvi muita concessão, muita justificativa, de modo que estava alegre em ver que aqueles dois homens bem-sucedidos tinham um senso de ética pessoal tão bem desenvolvido. Entenda que aqueles homens não são rígidos fundamentalistas de direita. Nessa discussão, surgiu a questão de um charuto cubano e de um copo de vinho do porto como um prazer ocasional que eles poderiam desfrutar de vez em quando. Eles levantaram a questão sobre a liberdade em relação a essas práticas em contraste com o efeito de seu testemunho aos outros cristãos, à família, aos amigos e aos parceiros comerciais.

Gostei muito daqueles momentos, nos quais ouvi dois bons homens de influência analisar bem as questões reais que eles enfrentavam no âmbito do comportamento ao mesmo tempo em que reconheciam a necessidade de estabelecer fronteiras auto-impostas em vez de simplesmente encerrar seus relacionamentos. Eles fazem isso tanto em reconhecimento ao seu relacionamento com Deus como um meio de representá-lo ao mundo com o qual eles têm o privilégio de se conectar. Seu ministério-alvo é o seu mundo de amigos perdidos que estão todos procurando por alguma coisa e não sabem aonde ir para encontrá-la.

Gosto muito desse tipo de transparência pessoal e de compaixão comunitária. Minha única contribuição para a discussão foi concordar com eles no aspecto de que os homens cristãos precisam saber quais serão suas fronteiras e por que eles as estabelecem, assim como que as fronteiras precisam ser suas próprias, não aquelas tomadas emprestadas de alguém.

Em favor da discussão, vamos olhar para esses dois pontos de maneira inversa. Por que estabelecer fronteiras? Quais deveriam ser elas?

Por que estabelecer fronteiras?

Penso que é razoável dizer que o mundo está inundado em relativismo moral. "Quando 33% das pessoas casadas traem seus cônjuges, 90% de nós mente regularmente",[1] 25% abandonariam suas famílias e 7% seriam capazes de matar um estranho por dez milhões de dólares, de acordo com uma pesquisa,[2] é seguro ponderar qual é a fibra moral ou ética que existe a ponto de nos manter juntos. Se apenas 13% dos norte-americanos ainda acreditam na autoridade moral dos Dez Mandamentos, a qual código moral seremos fiéis?

Ken Boa, em um grande artigo intitulado "O que está por trás da moralidade", esclarece-nos:

> Independentemente da cultura, as pessoas têm experiências morais, estéticas e religiosas. A idéia de certo e errado e do bem contra o mal está firmemente enraizada em nossa mente e é mostrada de forma consistente na experiência humana. As normas de moralidade podem variar, mas todas as pessoas tendem a acreditar que algumas coisas são certas e outras coisas são erradas. [...] Na Índia, isso é chamado de *dharma* ou *rita*. Na

> China, é chamado de *tao*. No cristianismo, é a Regra de Ouro, conforme estabelecida por Cristo. A Regra de Prata de Confúcio é outro exemplo disso. [...] Cada pessoa possui o conceito de que algumas coisas são objetivamente certas e outras coisas são simplesmente erradas.[3]

Ken está certamente correto sobre a natureza ampla da consciência e do senso intrínseco que todos nós temos quanto à existência de um código de certo e errado. De fato, todas as culturas e pessoas possuem um elevado conjunto de padrão de comportamento que é o objetivo moral para seu povo.[4]

Apesar do fato de que todas as culturas do mundo possuem um código moral, a humanidade ainda sofre de toda forma imaginável de má conduta, sendo que não há alívio à vista. Somente o cristianismo propõe a mudança do comportamento externo das pessoas mudando primeiramente o coração, ou seja, nossa bússola moral interna. Alguns podem argumentar que vários dos mais hediondos abusos do mundo em relação aos direitos civis e à indecência moral foram executados por cristãos. Mas para conhecer o cristianismo, devemos primeiramente conhecer seu fundador, Jesus Cristo, e o que ele representou. Devemos julgar a filosofia por aquilo que ele disse e o que ele fez, não por seus seguidores imperfeitos.

Jesus nunca feriu ninguém. Suas prescrições éticas eram muito acima de toda expectativa humana. Ele era diferente. Jesus percebeu que a compulsão moral nunca tornaria uma pessoa perfeita ou faria com que uma sociedade ficasse livre do conflito. Ele percebeu que homens e mulheres precisariam de uma nova natureza para viver de maneira nobre. Somente com um coração transformado teremos a habilidade de negar ou suprimir nossos desejos vis e nosso egoísmo. Ele também estava consciente de que o comportamento baseado na bondade dos outros nunca aconteceria. Responder aos outros com base na maneira como eles nos tratam sempre descambaria em ofensa e retaliação. Por quê? Porque os outros vão nos desapontar o tempo todo. Nossa tendência natural é manter um registro do comportamento de nossos colegas humanos para, então, pagar na mesma moeda. "Se você me fechar no trânsito, vou fechar você", e assim por diante.

Jesus revolucionou a maneira como os homens devem tratar uns aos outros quando disse "façam aos outros o que vocês querem que eles lhes façam" (Mateus 7.12). Essa regra de ouro da ética coloca sobre nós, os ouvintes, a responsabilidade de uma sociedade melhor, em vez de responsabilizar nossos vizinhos.

A Regra de Ouro de Cristo foi uma extensão lógica de sua visão da lei. Ele sabia que a lei tinha o propósito de garantir a saúde e o bem-estar da humanidade — não apenas a proteção ou a justiça. Seu resumo do que era certo e do que era responsabilidade legal da humanidade realizar era "Ame o Senhor, o seu Deus de todo o seu coração, de toda a sua alma e de todo o seu entendimento" e "Ame o seu próximo como a si mesmo" (Mateus 22.37,39). Com isso, ele eliminou o conceito de retaliação justificada, assim como a idéia de esperar que o bem seja feito, antes que eu faça o bem aos outros.

Aos cristãos é ordenado que iniciem o processo de um intercâmbio moral e civil entre os outros e nós mesmos na raça humana. Devo acrescentar que Cristo demonstrou essa visão radical da ética no sacrifício de sua vida pelo pecado humano. Ele foi o substituto de todos nós, pecadores individuais. Assim, ele certamente tem o direito de desafiar nossas idéias preconcebidas de justiça e autoridade. Ele também tem autoridade de nos chamar para copiar seu estilo de vida de auto-acusação e abdicar de nossos direitos pessoais se isso vai ajudar a garantir o bem-estar de nosso próximo.

Jesus Cristo não livrou a nossa cara dizendo que nossa iniciativa ou nossa resposta às pessoas se baseia na dignidade delas. Não, de fato, na passagem que estamos prestes a estudar, ele anuncia dramaticamente sua expectativa de que respondamos de maneira nobre àqueles que não são assim tão bons conosco. Esse pensamento é revolucionário. Contudo, é certo e fornece uma profunda estabilidade relacional, assim como nos dá paz e alegria quando implementado.

Vejamos como ele explica essa questão da ética em seu famoso Sermão do Monte:

> Olhando para os seus discípulos, ele disse:
>
> "Bem-aventurados vocês,
> os pobres,
> pois a vocês pertence
> o Reino de Deus.
> Bem-aventurados vocês,
> que agora têm fome,
> pois serão satisfeitos.
> Bem-aventurados vocês,
> que agora choram,
> pois haverão de rir.
> Bem-aventurados serão vocês,
> quando os odiarem,
> expulsarem e insultarem,
> e eliminarem o nome de vocês, como sendo mau,
> por causa do Filho do homem.
>
> "Regozijem-se nesse dia e saltem de alegria, porque grande é a sua recompensa no céu. Pois assim os antepassados deles trataram os profetas.
>
> "Mas ai de vocês, os ricos,
> pois já receberam
> sua consolação.
> Ai de vocês,
> que agora têm fartura,
> porque passarão fome.
> Ai de vocês, que agora riem,
> pois haverão de se lamentar
> e chorar.

Ai de vocês,
quando todos
falarem bem de vocês,
pois assim
os antepassados deles
trataram os falsos profetas.

"Mas eu digo a vocês que estão me ouvindo: Amem os seus inimigos, façam o bem aos que os odeiam, abençoem os que os amaldiçoam, orem por aqueles que os maltratam. Se alguém lhe bater numa face, ofereça-lhe também a outra. Se alguém lhe tirar a capa, não o impeça de tirar-lhe a túnica. Dê a todo aquele que lhe pedir, e se alguém tirar o que pertence a você, não lhe exija que o devolva. Como vocês querem que os outros lhes façam, façam também vocês a eles.

"Que mérito vocês terão, se amarem aos que os amam? Até os 'pecadores' amam aos que os amam. E que mérito terão, se fizerem o bem àqueles que são bons para com vocês? Até os 'pecadores' agem assim. E que mérito terão, se emprestarem a pessoas de quem esperam devolução? Até os 'pecadores' emprestam a 'pecadores', esperando receber devolução integral. Amem, porém, os seus inimigos, façam-lhes o bem e emprestem a eles, sem esperar receber nada de volta. Então, a recompensa que terão será grande e vocês serão filhos do Altíssimo, porque ele é bondoso para com os ingratos e maus. Sejam misericordiosos, assim como o Pai de vocês é misericordioso.

"Não julguem, e vocês não serão julgados. Não condenem, e não serão condenados. Perdoem, e serão perdoados. Dêem, e lhes será dado: uma boa medida, calcada, sacudida e transbordante será dada a vocês. Pois a medida que usarem também será usada para medir vocês" (Lucas 6.20-38).

Vamos lembrar do contexto. Ele está declarando aos seus homens qual era a expectativa moral que se tinha daqueles que o representam e que procuram convidar os outros a se tornarem membros do Reino de Cristo. Portanto, ele ordena a seus homens que considerem os valores contrários aos deste mundo temporal. Ninguém quer ser pobre, triste, odiado ou passar fome, mas, comparadas a deixar de fazer parte do Reino eterno de Cristo, essas circunstâncias temporais são uma mera inconveniência.

Se pudéssemos nos afastar de nossa vida o suficiente para considerar a amplitude de nossa existência, provavelmente atribuiríamos um peso menor aos problemas de hoje. É como um doloroso programa de poupança enquanto nos preparamos para os benefícios do futuro. Tenho a opção de me deleitar com os prazeres de hoje, mas, se puder economizar um pouco a cada mês por um ano ou mais, desfrutarei do incrível prazer de um novo brinquedo, umas férias interessantes, uma casa de campo etc. A maioria de nós quer sentir prazer agora, não mais tarde. Contudo, ao iniciar um relacionamento com Cristo, você tem garantido um glorioso futuro e é equipado para representar seus valores agora, mesmo que isso lhe cause dor. É por isso que me alegro tanto com meus dois amigos, Gary e Bob. Eles entendem essa verdade e traçaram perímetros específicos dentro dos quais devem trabalhar para que possam exemplificar esse princípio. Eles são dois homens de Cristo. Eles agora servem a um reino espiritual, em vez de a um reino simplesmente físico. Eles compreendem que trabalham nos dois reinos ao mesmo tempo e, quando chega a hora H, procuram escolher aquilo que agradaria a Cristo em vez daquilo que temporariamente lhes daria conforto ou realizações pessoais. Eles compreendem a necessidade de basear decisões morais em um absoluto fixo de certo e errado.

Quais deveriam ser as fronteiras?

Como é esse absoluto? A partir de que base Gary e Bob desenvolveram sua lista pessoal de coisas permitidas e proibidas? A partir de Cristo. Exceto pelo fato de que Cristo nunca publicou uma lista do que se pode ou não fazer. Em vez disso, ele publicou um princípio de total abrangência chamado Regra de Ouro. É uma regra baseada no altruísmo, uma regra que está baseada no amor.[5] Essa é a primeira necessidade ética de um homem do Mestre.

Essa Regra de Ouro da ética, que governa os relacionamentos humanos, está baseada no reconhecimento do interesse próprio. Era a essência de um comentário que Cristo fez certa vez a um doutor da lei que queria saber o que Cristo considerava ser a mais importante lei do judaísmo. A resposta de Jesus foi simples mais difícil: devemos amar a Deus com todo nosso coração e aos outros como a nós mesmos. Jesus apresentou o amor como o fundamento do sistema ético do cristianismo. Ele é a base do código moral do Reino eterno. Isso era revolucionário. Isso não apenas eliminou o fardo de se tentar lembrar e cumprir incontáveis leis, mas também garante o sucesso ao mudar a atenção das pessoas do fracasso, daquilo que elas não poderiam fazer, para o sucesso, para algo que elas deveriam fazer.

Como, porém, isso funcionaria na experiência comum do dia-a-dia? Seria difícil e ocasionalmente custoso, mas isso geraria consciência limpa, diminuição das tensões entre as pessoas e o cultivo da boa vontade entre os homens.

Nesse sermão, Cristo traçou três virtudes fundamentais que um homem do Mestre deve demonstrar. Elas são as provas de nosso compromisso ético orientado pelo céu. Ele disse que deveríamos amar, mostrar misericórdia e sermos generosos. Quando elevamos o amor acima do ódio, vemos o que é melhor para os outros, até mesmo para nossos oponentes. Quando fazemos isso, interrompemos o crescimento da retaliação, removemos qualquer justificativa para sermos prejudicados e desenvolvemos uma verdadeira preocupação pela condição do ofensor. Essa é a única maneira de fazer uma ponte entre relacionamentos rompidos e buscar reconciliação. Não é fácil, mas também não o são o conflito constante, os processos, o divórcio, as brigas e a guerra.

Oramos pela paz mundial, mas não atravessamos a rua para ajudar um inimigo em necessidade. O emblema na lateral do carro da polícia em que se lê "oficial de paz" é uma piada. A verdadeira paz nunca será estabelecida por um crachá, por uma arma ou por algemas. A paz é possibilitada por alguém que deita as armas e oferece a mão estendida de amizade. Pode ser que nem sempre funcione, e às vezes pode ser impossível, mas esse é o jeito do Reino de Cristo, e assim são exemplificados os valores morais do Reino dos céus.

Desse modo, o Mestre ordena a seus homens que prossigam em sua trilha como a melhor alternativa ao jeito de ser da sociedade. Cristo nos lembra que esse tipo de amor de sacrifício próprio é mais eficiente quando é menos esperado. Exemplificamos Cristo e seu Reino quando cuidamos daqueles que nos ferem e não nos retribuem, não quando servimos aos nossos amigos, porque isso é o que se espera.

Segundo, um homem do Mestre estende misericórdia. Misericórdia normalmente traz à tona um suspiro de alívio e promove a apreciação daquele que a recebe. Mas é difícil fazer isso. Estamos vivendo numa sociedade na qual todo mundo exige seus direitos e quer plena compensação pelos erros cometidos contra eles. É difícil deixar de lado uma oportunidade legítima de ser recompensado quando a vemos chegar. Mas, quando estendemos a misericórdia, não apenas são pagos grandes dividendos a nós e às outras pessoas, como também é exemplificada a maneira em que Cristo lidou conosco. Cristo nos perdoou e esqueceu nossas mancadas (pecados), embora merecêssemos sua ira e punição.

Certo dia, eu e meu filho calculamos mal a rota de descida de uma árvore que estávamos cortando na floresta. Ela terminou atingindo a cerca do quintal de meu vizinho de uma maneira espetacular. Depois de sentirmos a adrenalina de acompanhar a árvore caindo e ver a cerca se espatifar numa centena de pedaços, fui até a porta da frente de meu vizinho para dar-lhe as boas notícias.

— Oi, eu sou Jim Coté, um de seus vizinhos. Eu lhe devo algum dinheiro.

Num primeiro momento, ele esticou a mão, mas logo depois puxou-a de volta.

— O que houve? — perguntou ele, desnorteado.

Contei o que havia feito e fomos juntos até o quintal para avaliar os danos. Pedi desculpas para ele, olho no olho, e então ofereci-me para pagar o conserto. Ele era construtor de casas e eu já havia sido, de modo que concordamos que eu poderia consertá-la. Então, sua esposa saiu da casa! Por diversas vezes, ela me lembrou de que aquela era a casa *dela*. Tudo bem, entendi. Então ela repetiu diversas vezes que não havia gostado daquele incidente que atingira sua propriedade, e exigiu reparação. Acho que ela não estava entendendo que eu ia fazer exatamente isso.

Por fim, depois de várias desculpas, eu disse:

— É por isso que eu vim imediatamente, para pedir desculpa, senhora, e para fazer os reparos. Embora tenha causado grandes transtornos, estou disposto a fazer o que for necessário para deixá-la satisfeita.

Então, saí logo depois de reafirmar minha intenção ao marido dela. Em torno de uma hora depois, felizmente, a cerca foi facilmente consertada. De fato, não era algo muito grande. Mas as pessoas estão realmente tensas nesses dias em relação à sua propriedade e aos seus direitos. E ai de você se os infringir.

É por causa disso que mostrar misericórdia é tão incomum, tão semelhante a Cristo, tão propício à construção do Reino e tão eficiente na construção de pontes entre as pessoas.

Por fim, o Mestre disse que seus homens devem ser generosos. Eles são doadores, não tomadores, e o dar exige fé. A maioria de nós trabalha duro para pagar as contas e para poupar alguma coisa para nossa família. É por isso que renunciar a isso parece absurdo. Cristo disse que há bênção em dar. Somos libertos da ganância ou de sermos possuídos por nossas posses. Outros são beneficiados, e passam a nos querer bem. Deus nos compensa, dando tudo de volta e mais.

Dar faz muito sentido quando é olhado dessa maneira. Recentemente, surgiu uma pergunta sobre como aconselhar um homem cristão que, tendo emprestado US$ 30.000 com juros a outro homem cristão, não estava recebendo pagamento algum. O amigo que me trouxe a questão havia aconselhado seu colega a esquecer o empréstimo, descrevendo a transação como uma forma de fiança ou consignação, algo que as Escrituras nos advertem a resistir.[6] Creio que ele está certo, e também creio que existem outros princípios bíblicos em jogo como honestidade, responsabilidade para com as dívidas, confrontação, restituição e disciplina da igreja, para citar apenas alguns. Mas também tenho experimentado pessoalmente o milagre de Lucas 6.38 em minha experiência comercial. Mais de uma vez, quando alguém me roubou ou não pagou plenamente uma conta, depois de exaurir todos os esforços bíblicos e razoáveis para ser pago, eu dediquei a perda em favor de Deus como um ato de dar. Quando confiei em que ele supria minhas necessidades, Deus sempre me pagou algum tempo depois. Às vezes o reembolso foi incrível e de maneiras inesperadas, mas nunca o Senhor me deixou em falta quando entreguei alguma coisa mediante o espírito desse versículo. Certamente Deus me retribuiu de múltiplas maneiras pelas dádivas voluntárias, pelas ofertas ao povo cristão e outras causas como um ato bíblico de filantropia.

Como alguém já disse muito bem, você não pode ser mais bondoso que Deus. Esse trecho das Escrituras diz exatamente isso. Eu acredito nele e tenho alegremente vivenciado seus princípios. Além do mais, essa maneira contrária de lidar com dinheiro exemplifica a Cristo. Outra passagem das Escrituras nos diz que dar de maneira generosa e sacrificial promove seu Reino e constrói relacionamentos.[7] Dar dessa maneira significa suprir as necessidades dos outros na medida em que abdicamos da posse, entendendo que Deus realmente possui todas as coisas e retribui generosamente aqueles que confiam nele.

Sendo assim, como devemos viver como cristãos? Que fronteiras devemos estabelecer no campo ético de modo que possamos exemplificar a Cristo? É tanto fácil quanto difícil mostrar amor quando queremos dar o troco e estender misericórdia quando deveríamos condenar, dar de modo generoso quando deveríamos reter. Em outras palavras, se em toda situação perguntássemos a nós mesmos qual é a coisa amorosa, misericordiosa e generosa a fazer à luz do fato de que servimos a um rei poderoso e a um reino espiritual, as escolhas individuais deveriam ser óbvias.

Existe uma lista do que se deve ou não fazer? Não, não existe. Ela também não é circunstancial nem relativa. Ela é baseada na verdade absoluta de que devemos amar a Deus com todo nosso coração, alma, mente e força e amar os outros como a nós mesmos. À luz desses dois grandes princípios, temos a motivação moral para buscar a coisa mais amorosa, misericordiosa e generosa a fazer em um dado momento em favor de nossos colegas humanos. Quando procuramos amar como o Mestre amou, as coisas a fazer fluirão naturalmente dessa intenção.

O resultado? Estou convencido de que você terá de fato mais amigos, dormirá melhor à noite e, um dia, desfrutará de uma grande recompensa. Estou confiando em que Cristo vai manter sua palavra nesse assunto porque sei que ele é uma pessoa de integridade.

11

Compromisso

Assumindo responsabilidade por si mesmo

Lucas 6.39-49

Compromisso. Como podemos defini-lo? Uma definição de dicionário é de que seria "uma promessa de fazer alguma coisa, de reservar algo, de se envolver em algum propósito".[1] É outro valor que está disponível a qualquer pessoa de nosso mundo hoje.

Pense nisso. O que é digno de sua promessa, de seu empenho ou de seus derradeiros esforços? O que você está totalmente dedicado a realizar?

Certa vez li um interessante artigo no jornal *USA Today* sobre o técnico do Oakland Raiders, um time de futebol americano. De tempos em tempos, as páginas de esporte destacam um novo herói viciado em trabalho que supostamente eleva o homem acima de todos os seus colegas como alguém a ser admirado por causa das horas em que ele trabalha na tentativa de ser bem-sucedido. Jon Gruden, um técnico jovem, brilhante e fã de computadores, é elogiado por sua jornada de trabalho que vai das 4 da manhã às 11 da noite durante o campeonato de futebol. Gruden diz que tem coisas demais para fazer para perder tempo dormindo. Mas Cindy, sua esposa, chama esse período de as horas de "loucura". Ela deve estar sendo mais criticada do que imagina, ou então está dando uma sutil dica conjugal. Quem sabe? A questão é que o técnico Gruden está mostrando uma forma de compromisso. O homem "abdicou" de uma parte da sua vida (suas horas de sono) com o objetivo de "separar" a profissão de técnico de futebol como seu propósito principal. Não é que eu não admire seu esforço e sua persistência, mas realmente questiono o objetivo.

Suponho que todo mundo se compromete com alguma coisa. Em um extremo, existem aqueles que se comprometem a valorizar a preguiça com o desafio de ver se podem passar pela vida com a menor contribuição possível para seu próprio bem-estar. Outros, como aqueles sobre os quais li recentemente, envolvidos no treinamento dos BUDS (Basic Underwater Demolition Seal — uma escola de treinamento das forças especiais da Marinha norte-americana), possuem um incrível compromisso de suportar a punição física para sobreviver a um teste extenuante de trabalho em equipe, perseverança pessoal e coragem para se tornar membro de uma das unidades militares de elite mais prestigiadas do mundo. Eu gostaria de ser firme assim.

No outro lado do espectro, está o ex-presidente Jimmy Carter que, aos 75 anos, ainda está trabalhando a pleno vapor, tentando representar suas crenças por meio de vias práticas de serviço humanitário. Sua obra junto à entidade Habitat for Humanity (Casas para a humanidade) é muito conhecida. Mas não percebi que ele também está envolvido em esforços humanitários por todo mundo, incluindo projetos em andamento em cerca de outras sessenta nações. Aqui está um homem que poderia estar passando seus dias no campo de golfe ou tomando refresco de abacaxi com hortelã ao lado de sua adorável esposa, Rosalynn, em algum lugar da Geórgia, na varanda de uma linda casa de campo. Mas ele está comprometido com um conjunto diferente de valores: usar o fôlego de sua vida para fazer algo que vai perdurar além dele. Admiro isso.

Todavia ainda é correto perguntar e responder à pergunta: Com o que exatamente nós deveríamos nos comprometer?

Na seção final do evangelho de Lucas que iremos avaliar (Lucas 6.39-49), somos desafiados por nosso Mestre, o Senhor Jesus Cristo, com o mais elevado padrão de conduta possível. De fato, ele está infinitamente acima do que aquilo com que a maior parte de nossa sociedade está acostumada, porque seus valores emanam do Reino mais elevado: o céu.

Nesta seção (seu famoso Sermão do Monte), Jesus chama aqueles de nós que estão procurando segui-lo a adotarem seus padrões celestiais e os expressarem em nossa conduta diária. Assim, creio que é seguro dizer que o compromisso ao qual Cristo nos está chamando é um compromisso a termos com ele como pessoa. Isso pode ser ilustrado pelos ideais do casamento. Quando está comprometido com uma pessoa, você não pode deixar de refletir seus valores e adotar sua perspectiva. Você não consegue deixar de se importar profundamente com aquilo com que ela se importa. Percebo nos relacionamentos humanos que existem compromisso, resignação e até mesmo conflito. Mas, no relacionamento perfeito que nos é oferecido do céu — ter uma experiência íntima e vibrante com o Deus vivo —, recebemos um convite singular para buscar o melhor. O único comprometimento possível acontece quando decidimos viver debaixo dos padrões de Deus, e o único conflito que vamos enfrentar é o que acontece quando rejeitamos essa oportunidade por inteiro.

Essa passagem revela claramente que qualquer compromisso que marginaliza o convite para imitar a Cristo é um compromisso destinado a terminar em desapontamento, até mesmo em desastre. É certo que, neste mundo, os destemidos esforços de uma pessoa na realização de seus objetivos pessoais é digno de algum aplauso, mesmo se for apenas por admirar a coragem da pessoa. Mas, no fim, o melhor aplauso será reservado àqueles que não apenas lutam de maneira valorosa, mas que se empenham com base no fundamento seguro que vai garantir um recompensa duradoura. Vejamos de que maneira Cristo desembrulha o pacote dessa verdade:

> Jesus fez também a seguinte comparação: "Pode um cego guiar outro cego? Não cairão os dois no buraco? O discípulo não está acima do seu mestre, mas todo aquele que for bem preparado será como o seu mestre.
>
> "Por que você repara no cisco que está no olho do seu irmão e não se dá conta da viga que está em seu próprio olho? Como você pode dizer ao seu irmão: 'Irmão, deixe-me tirar o cisco do seu olho', se você mesmo não consegue ver a viga que está em seu próprio olho? Hipócrita, tire primeiro a viga do seu olho, e então você verá claramente para tirar o cisco do olho do seu irmão.
>
> "Nenhuma árvore boa dá fruto ruim, nenhuma árvore ruim dá fruto bom. Toda árvore é reconhecida por seus frutos. Ninguém colhe figos de espinheiros, nem uvas de ervas daninhas. O homem bom tira coisas boas do bom tesouro que está em seu coração, e o homem mau tira coisas más do mal que está em seu coração, porque a sua boca fala do que está cheio o coração.
>
> "Por que vocês me chamam 'Senhor, Senhor' e não fazem o que eu digo? Eu lhes mostrarei com quem se compara aquele que vem a mim, ouve as minhas palavras e as pratica. É como um homem que, ao construir uma casa, cavou fundo e colocou os alicerces na rocha. Quando veio a inundação, a torrente deu contra aquela casa, mas não a conseguiu abalar, porque estava bem construída. Mas aquele que ouve as minhas palavras e não as pratica, é como um homem que construiu uma casa sobre o chão, sem alicerces. No momento em que a torrente deu contra aquela casa, ela caiu, e a sua destruição foi completa" (Lucas 6.39-49).

Você vai lembrar que, quando estudamos a primeira seção do Sermão do Monte de Jesus (Lucas 6.20-38), vimos que seu sistema ético exige uma nova perspectiva em nós. Precisamos agora ter uma orientação que eleva o espiritual acima do físico. Isso significa que devemos reconhecer que Deus é o centro da existência — e que nós não somos. Essa perspectiva nos força a mudar a regulagem de nossa bússola ética de modo que iniciemos uma nova experiência na qual vamos valorizar o amor acima do ódio e expressar esse amor ao dar aos outros o que é melhor para eles, nada retendo por causa de nossa insegurança egoísta. Também mostraremos misericórdia em vez de reter nosso direito de retaliar.

Agora, por meio de uma parábola, Cristo apresenta esses dois grandes princípios filosóficos em duas aplicações pessoais bastante importantes. Nesta última série de comentários extraídos de seu sermão, veremos que ele diz que um homem do Mestre tem uma escolha a fazer. É hora de decidir sobre o nosso compromisso. Para fazer isso, ele sugere que caminhemos pelos passos a seguir.

Avalie

Em primeiro lugar, um homem do Mestre deve avaliar sua vida. Devemos avaliar incansavelmente tanto nossa direção quanto os resultados baseados no reconhecimento de absolutos. Você não pode simplesmente seguir qualquer filosofia antiga, porque, se ela for para o buraco, você irá também.

Alguns anos atrás fui ajudado nessa questão ao analisar alguma das obras de Francis Schaeffer. Lembro-me de ler alguns dos pensamentos condensados de George Wilhem Friedrich Hegel (1770-1831). Hegel desenvolveu um modelo interessante que mostrava de que maneira as culturas desenvolvem um código moral evolutivo na ausência de um compromisso com absolutos. Ele resumiu que o comportamento aceitável de qualquer era em particular poderia ser chamado de *tese*. O comportamento normativo sempre é desafiado por aqueles que buscam uma justificativa para sair das normas da sociedade e serem aceitos pelo resto da sociedade. Desse modo, à medida que o comportamento moral normativo é desafiado por aqueles que desejam se libertar de suas amarras, surgirá uma consideração extrema de alternativas, que visa a testar a tolerância ou a aceitação da sociedade. Chamaremos esse extremo de *antítese.* A antítese de um código moral ainda em voga é normalmente repugnante a qualquer grupo de pessoas, de modo que acontece um comprometimento por meio do toma-lá-dá-cá do debate social, o que resulta tipicamente em um novo padrão de comportamento aceitável, situado em algum ponto entre os dois extremos. Esse meio-termo de compromisso entre filosofias éticas adversárias foi chamado por Hegel de *síntese.* Por meio desse processo dinâmico de debate e experimentação, surge um novo código moral, o qual é agora aceito por uma ampla representação da população. Mas a questão do comportamento aceitável não está concluída. Devido à natureza dinâmica do processo de redefinir a moralidade aceitável sem a base de um padrão absoluto, o que acontece agora é a degeneração natural da moral à medida que o espectro daquilo que é aceitável numa cultura fica gradualmente mais perto da antítese e mais longe do ponto original de início da tese.

Surpreendentemente, uma cultura que havia adotado esse novo padrão comportamental agora define as novas liberdades comportamentais como a norma, ou a tese. O processo recomeça. Não leva muito tempo até que uma sociedade aceite como norma um padrão de comportamento que, várias gerações atrás, teria sido inconcebível — tudo porque não existe um ponto fixo a partir do qual seja possível julgar a legitimidade do comportamento. Uma cultura que permite uma evolução de seu código moral depois de rejeitar a orientação de um padrão fixo de absolutos sempre se verá adotando aquilo que, certa vez, foi repugnante.

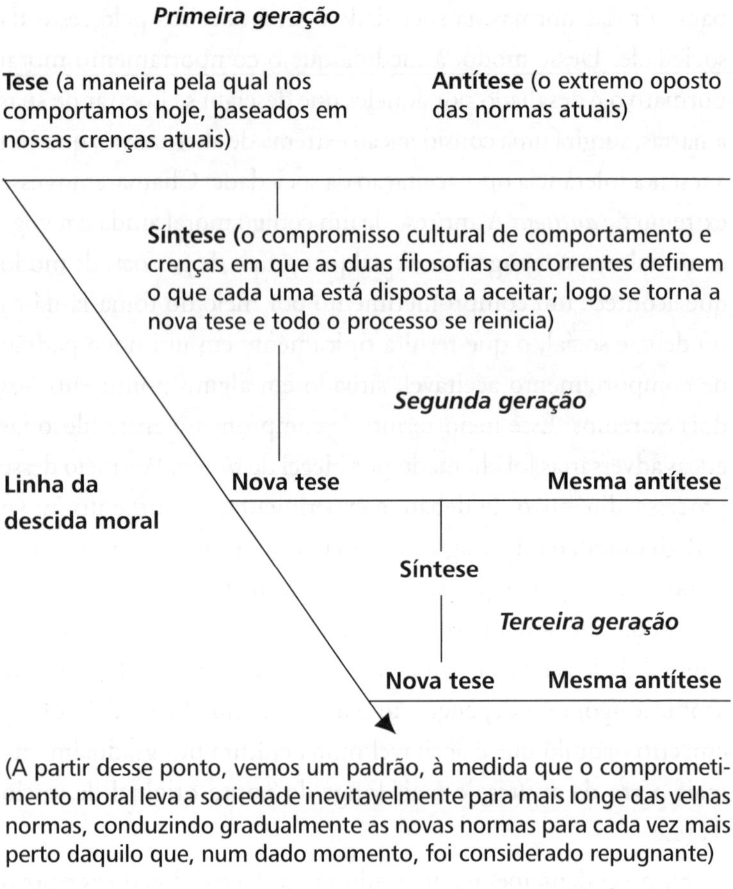

Figura 11.1 A evolução da degeneração moral

Talvez eu possa ilustrar esse escorregão moral usando um clube de *striptease* como exemplo. Trinta anos atrás, a sociedade norte-americana via a nudez como algo malicioso e imoral. Lembro-me de haver um bar no qual as garçonetes faziam *topless* a alguns quilômetros de nossa casa, numa zona decadente de nossa cidade. Quando completei 21 anos, naquela época a idade legal para se beber na Califórnia, fui dar uma olhada naquele clube. Fui até lá às escondidas, não porque fosse ilegal, mas porque era visto como imoral e eu não queria que ninguém me visse entrando lá. E o que foi que vi? Na verdade, lembro-me mais do entorno escuro e das pessoas desanimadas do que da nudez. Francamente, o ambiente era tão deprimente que não voltei. Mas e hoje? Hoje nós levamos clientes a bares de *topless* para que eles tenham bons momentos. Não apenas podemos ir até lá como essa é uma prática comum e aceitável para a comunidade empresarial. Naturalmente, tiramos o rótulo de imoral daquele lugar e, hoje, chamamos o lugar de clube de cavalheiros. Em um único golpe, redefinimos tanto o conceito de cavalheiro quanto daquilo que é moralmente aceitável em termos de homens vendo, olhando como bobos ou desejando os corpos expostos de algumas mulheres estranhas. Como isso aconteceu? Simplesmente redefinimos o entretenimento moral adulto tirando o velho padrão e contrastando-o com o pior extremo possível — tal como aquilo que é feito nas cidades da fronteira mexicana em seus bares nos quais as mulheres estão totalmente nuas e onde há atos sexuais explícitos. E decidimos, uma vez que não podemos ir tão longe, que talvez olhar os seios nus de uma mulher não seja tão ruim assim. E daí por diante.

O mesmo cenário aconteceu com o fenômeno do aborto em nosso país. Anteriormente, uma gravidez indesejada era uma coisa vergonhosa sobre a qual as mulheres não falavam publicamente por temer que seus instintos maternos fossem questionados. Então decidimos, depois do julgamento *Roe vs. Wade*, que seria permitido remover um feto se a vida da mãe estivesse em perigo. A partir desse ponto, nós agora aceitamos a remoção de seres humanos não nascidos, exceto dos que já entraram no terceiro trimestre, e até mesmo abortos com nascimento parcial[a] simplesmente em função do "direito da mulher de escolher".

[a]Técnica de aborto, legalmente utilizada nos EUA a partir de 1973, em que, nos últimos meses de gestação, é praticado um parto intravaginal parcial do feto vivo, seguido de uma aspiração do conteúdo cerebral antes de completar o parto [N. do E.].

Agora a aceitação do aborto tem levado ao debate sobre a aceitação de outras formas de assassinato (chamados de "direito de encerrar a vida"), como a eutanásia, o genocídio e sabe-se lá qual será o próximo, à medida que chegamos cada vez mais perto do extremo repugnante que defende a incrível idéia de que a vida não é sagrada e que terminar a vida (assassinato) é aceito por qualquer razão que o assassino possa considerar necessária no momento. Sei que isso parece inacreditável, até mesmo impossível, mas, homens, vocês estão vendo isso acontecer. E continuará até que alguém coloque um fim à escorregadia ladeira moral, levando outros a uma migração de volta aos absolutos.

O mesmo acontece quando redefinimos sucesso, heroísmo, liberdade, casamento, paternidade, responsabilidade financeira e assim por diante. Dê crédito ao Mestre por nos advertir aqui a termos cuidado com aqueles a quem estamos seguindo a fim de que não pereçamos juntamente com eles. Graças a ele por nos lembrar de que devemos reconsiderar os absolutos.

Portanto, ele nos dá uma oportunidade para decidirmos avaliar nossa ética baseados em seu padrão ético absoluto, de modo que possamos ser verdadeiramente bem-sucedidos na vida. Isso vai exigir um compromisso acima da conveniência, como veremos. De fato, é um compromisso que é evidenciado pela firmeza durante a provação. As pessoas podem dizer o que quiserem sobre escolhas morais e éticas, mas o fato é que aquilo que elas fazem fala mais alto do que o que elas dizem. Olhe para os resultados das decisões morais das pessoas e, então, decida por si mesmo. Que aparência você quer que sua vida tenha quando o fim chegar? Sua escolha de um sistema ético é crítica. Dependendo de qual sistema escolha, você pode se perder. Portanto, reserve um tempo para reavaliar suas decisões para que possa evitar um desastre.

Execute

Segundo, somos advertidos a executar — chegar até o final sem fraquejar. Precisamos considerar aqui a quem estamos ouvindo. O comportamento é sempre conseqüência de crenças, e as crenças são desenvolvidas inicialmente pela informação. A pessoa a quem você está ouvindo influencia aquilo em que você pensa, que influencia aquilo em que você crê ser verdadeiro, o que, por sua vez, influencia aquilo que você faz. Você vai adotar a filosofia de quem? A lei universal da pedagogia revela que a replicação é resultado da imitação. Assim, a quem você precisa deixar de ouvir? E com quem você deveria passar mais tempo? Você precisa mudar algum de seus hábitos de leitura ou aquilo a que você assiste? Você precisa descobrir uma nova estação de rádio ou outra forma de entretenimento? Não é porque existe liberdade em nossa sociedade e por você ter uma grande quantidade de opções que todas as opções se tornam igualmente benéficas. Você não acha que Satanás tem sua máquina de propaganda em operação na sociedade? Não estou tentando ser alarmista, mas existe uma grande quantidade de vozes erradas por aí. Certifique-se de que você está sintonizado com as mais saudáveis, e você será um benfeitor; eu garanto.

Além disso, Cristo revela o fato de que a maioria de nós não é fiel aos nossos próprios padrões morais. Nós adoramos encontrar erros nos outros. Afinal de contas, isso nos dá um senso de superioridade. Mas o fato verdadeiro é que, quando consideramos todo espaço para crescer que temos, podemos realmente nos dar ao luxo de corrigir os outros verbalmente? Contar aos nossos amigos os erros de outras pessoas faz com que realmente alcancemos alguma coisa? Certamente temos alguma coisa melhor sobre o que falar do que essa conversa fiada oca e de exaltação própria.

Portanto, a quem podemos seguir? Que padrões são legítimos? Podemos começar a descobrir o que é melhor olhando para os resultados das crenças das pessoas. Ações, como já disse, sempre emanam das crenças, as crenças da exposição à informação, e assim por diante. Por isso, se você quer realizar coisas de modo bem-sucedido, então deve primeiramente considerar a informação com a qual é alimentado e, então, olhar para os seus resultados. O bem não pode surgir de uma coisa ruim e vice-versa.

O melhor barômetro da integridade moral é o coração. No coração nós colocamos nossos valores mais profundos e não podemos fazer outra coisa senão agir de acordo com eles em nossa experiência diária. E, naturalmente, para ter o melhor coração nós precisamos alinhar nossos desejos com os de Jesus, o autor e consumador de nossa fé. Ele iniciou e cumpriu o sistema filosófico expresso nesses versículos. Ele fez um trabalho perfeito ao demonstrar esses princípios. Agora ele nos desafia a seguir seus passos, especialmente se queremos chamá-lo de Mestre. A quem você vai seguir? Será Jesus ou alguém mais? Muitos dizem que o farão, mas na verdade não o fazem. Palavras, sabemos, são baratas; a obediência é a prova final da fé. Porém, a fidelidade a Cristo traz segurança. É certo que o caminho de Cristo é difícil, desafiador e contracultural, mas ele também é o único caminho para o contentamento, a alegria e a satisfação duradouros. Aqueles que pensam de outra maneira certamente viverão de outro modo. Por algum tempo, eles até mesmo serão bem-sucedidos. Mas, num mundo repleto de problemas, o que garante a todos um encontro final com a morte, você, eu e todo o mundo somos advertidos sobre a chegada de um tempo futuro de prova no qual o impacto eterno de nossas escolhas será revelado.

De acordo com Lucas 6.47-49, existe um teste iminente que revelará a sabedoria do estilo de vida que levamos, a força do nosso compromisso e sua inerente habilidade de permanecer firme debaixo da provação. Cristo não está equivocado; ele lança a advertência e a conclusão de maneira muito clara. Ele diz: "Baseie sua vida em mim e você permanecerá. Sua vida será um sucesso. Você vai permanecer mesmo depois de tudo o mais passar. Mas ignore-me, escolha um estilo de vida alternativo baseado numa outra convicção e, por mais que tente, você fracassará. Sua acumulação de riquezas será varrida e destruída. Em contrapartida, a tristeza será seu destino".

Fico feliz por ter sido advertido antecipadamente. Nem todo mundo vai contar a você os riscos associados ao seu produto antes que você o compre. Foi preciso haver uma decisão judicial para que houvesse advertências nos maços de cigarro — e isso só ocorreu depois de inúmeros processos movidos por consumidores insatisfeitos, de doenças e mortes. Esses eventos desastrosos por fim resultaram em advertências ao consumidor na embalagem. Mas Cristo não trabalha desse jeito. Satanás tentou manter sua filosofia falida em segredo, mas Cristo expõe o sistema ineficaz nessa parábola. Jesus nos adverte sobre os riscos associados ao instável sistema de Satanás e é direto em relação às conseqüências. Ele nos adverte de maneira clara, concisa e conclusiva. De fato, você pode dizer que o risco estava todo sobre ele. Jesus arriscou sua vida com suas palavras de encorajamento, com sua mensagem de advertência e com seus milagres que curavam os doentes ao mesmo tempo em que desafiavam a legitimidade e a autoridade do *status quo* da liderança de seu país. Por seus esforços ele foi morto. Mas ele venceu. Ele estava certo. Sua ressurreição provou que ele estava correto.

Seu testemunho é de que ele é o Filho de Deus, que o espiritual é mais significativo que o físico, que o eterno suplanta o temporal e que o certo vence o errado. Ele provou que o amor conquista a ira e que dar é um antídoto à ganância. Dele aprendemos que a alegria vencerá a tristeza. Ele é digno de nossa fé, digno de nossa obediência e provará a verdade de suas palavras no dia de sua vinda. Podemos nos dedicar a ele sem medo e sem risco. Seja qual for o custo que pagamos hoje para agir assim, isso será mais do que compensado por ele mais tarde, quando nos unirmos a ele em sua ressurreição vitoriosa chamada vida eterna. Ele é Senhor, e estou determinado a segui-lo e a obedecer-lhe.

Surpreendentemente, geração após geração parece desprezar este fato simples, mas essencial. É Jesus ou nada. Sim, eu tentei fazer essa declaração em todo este livro, mas deixe-me dizer isso agora de maneira clara e sucinta. Se seguir a Cristo, no fim você vencerá. Se optar por não fazê-lo, você não pode vencer.

Em 1998, milhares de argentinos foram mortos de maneira cruel por inundações que se abateram sobre comunidades residenciais. Aquelas casas nas quais eles viviam eram seus lares. Eles se casaram ali; criaram seus filhos ali. Trabalharam ali. Aquele era seu lugar de segurança. Mas, infelizmente, para cerca de 30 mil pessoas, elas construíram sua casa no lugar errado. A comunidade internacional ficou chocada com esse horrível incidente. Muitos de nós ofereceram assistência para a recuperação daquela área e daquelas pessoas desabrigadas. Mas nenhum de nós pôde trazer aquelas vidas de volta; nenhum de nós pôde voltar o relógio para retificar a decisão de construir aquelas casas no lugar errado. E, francamente, mesmo se pudéssemos ter uma máquina do tempo que nos levasse de volta para caminhar pelas ruas daquelas comunidades rurais, creio que quase ninguém prestaria atenção.

É impressionante ver o movimento estabelecido por pessoas que seguem pessoas perdidas. Uma pessoa constrói uma casa na encosta de uma montanha, sem dar atenção para a possibilidade de erosão produzida por uma chuva muito forte, e logo outros a seguem. Num primeiro momento, uma família fica sozinha por muito tempo, mas, depois, outra família constrói no mesmo lugar, duas levam a três, três, a uma dúzia, e uma dúzia, a uma comunidade. Então, naquele dia fatal, quando a chuva cai e a encosta fica saturada de água, fica evidente a derradeira verdade de que aquelas casas foram mal construídas. Podemos enganar as leis físicas durante algum tempo, mas não permanentemente. Muito mais verdadeiro é o fato de que não podemos fugir da lei espiritual de Deus. Jesus, o supremo Arquiteto do universo, o

Criador de tudo o que vemos, o Salvador de nossas próprias almas, advertiu-nos claramente nessa passagem do evangelho de Lucas. Ele chama todos nós a que o consideremos em todos os aspectos da vida, não apenas que creiamos nele para alcançar a vida eterna. Ele quer que baseemos nossa vida nele como o único fundamento verdadeiro para uma vida bem-sucedida.

Vamos dar ouvidos a ele? Como homens do Mestre, temos a oportunidade de exceder os limites da vida comum de nossos contemporâneos. Temos o privilégio de conhecer a Cristo intimamente e segui-lo não apenas rumo a um futuro glorioso, mas no desenvolvimento de uma vida eficaz hoje.

Ele nos chama a erguermos nossos olhos acima da matéria mundana que tende a nos preocupar, rumo a uma visão muito maior de profunda santificação pessoal, um panorama de beleza baseado na realidade de que podemos viver de maneira bem-sucedida, segura, sintonizados com ele.

Resumo

Ele nos capacitará a vencer a tentação. Ele nos dará um propósito especial na vida. Ele graciosamente nos dará descanso no meio de nossas lutas. Ele também nos fará membros importantes de sua equipe. Trabalhando por meio de nós, o Mestre nos capacitará a fazer uma diferença eterna na vida de nossos vizinhos. Suas idéias nos estimularão a desenvolver novos e eficazes métodos de abordar as necessidades de nosso mundo em constante mutação. Sua graça, fluindo por meio de nós, nos capacitará a diminuir os níveis de condenação que cresceram ao redor de nós a partir de um mundo religioso que menospreza aqueles que sabem como desfrutar de sua liberdade em Cristo. Nosso Salvador é *o* criador do universo.[2] Ele criou todos nós, o que o capacita e nos dar a orientação específica de que precisamos no meio de decisões difíceis. Ele também nos capacita a viver de maneira ética no meio de uma era corrupta. Ele também permite que nos tornemos homens de influência. Mas tudo se resume a uma coisa: vamos nos comprometer com esse glorioso estilo de vida?

Sempre me impressionou a história do convite feito a John Sculley para se juntar a Steve Jobs no desenvolvimento da Apple Computer. Sculley era o presidente da Pepsi-Cola e Jobs, o brilhante e incansável fundador da Apple, estava cortejando Sculley havia algum tempo para se unir à sua equipe. A resposta inicial de Sculley à proposta de Jobs faz com que me lembre de tantos homens que há muito tempo vieram e foram embora de minha vida, homens à beira de uma decisão capaz de mudar a vida inteira, chegando perto da borda, mas por fim optando pelo familiar em vez de pela aventura, não importando quão recompensado poderia ser seu potencial.

A resposta de Sculley foi: "Eu realmente adoro o que você está fazendo na Apple e fico muito animado com tudo isso. Como alguém não seria cativado? Mas isso simplesmente não faz sentido". O engraçado é que esse executivo não foi nem mesmo persuadido pela quantidade significativa de dólares que lhe foi oferecida (que estava na casa de milhões em compensação, além de bônus e divisão de lucros) — o que seria necessário para capturar sua imaginação e gerar o seu compromisso?

Por fim, Jobs, desesperado e frustrado, fez uma última pergunta a Sculley, uma que, por fim, chamou sua atenção. Ele perguntou: "Você quer passar o resto de sua vida vendendo água açucarada ou quer uma chance de mudar o mundo?".

Sculley escreve:

> Foi como se alguém viesse correndo até mim e me desse um tremendo soco no estômago. Fiquei preocupado com abdicar de meu futuro na Pepsi, perder a aposentadoria e as compensações, violar o código de lealdade a Kendall e com minha capacidade de

> me acostumar à Califórnia — coisas pragmáticas que preocupam alguém de meia-idade. Eu estava muito preocupado com o que aconteceria na semana seguinte e na outra depois daquela. Steve estava me dizendo que toda minha vida estava numa encruzilhada fundamental. A questão era monstruosa; uma para a qual eu não tinha resposta. Aquilo me deixou simplesmente sem fôlego.[3]

Quando retomou o fôlego, John Sculley anunciou sua decisão de se unir a Steve Jobs e, como normalmente se diz, o resto é história.

Conclusão

Jesus nos oferece o mesmo tipo de proposta e nos dá a mesma liberdade para aceitar ou rejeitar. A escolha é nossa. A oferta final de Cristo nessa parábola é monstruosa e sua importância é de tirar o fôlego. Você quer fazer o que está fazendo hoje pelo resto de sua vida, pelas mesmas velhas razões? Ou você quer uma chance de mudar o mundo? Você está disposto a usar o que Deus lhe deu para fazer alguma coisa significativa por todas as razões certas, ainda que arriscadas? Ou você quer permanecer na segurança e alcançar os resultados normais, mas temporários?

O Mestre dá a todos nós uma chance de nos juntarmos a ele numa incrível jornada na qual ele trabalhará por nosso intermédio para realizar coisas maravilhosas, mas ele não vai forçar ninguém. Cada um de nós deve fazer uma escolha independente.

Diferentemente dos negócios da Apple, já sabemos como seu plano vai acabar. Nós simplesmente não sabemos ainda qual papel ele quer que desempenhemos no drama. Mas realmente sabemos que será emocionante e que isso transformará tanto a nossa vida quanto a daqueles a quem influenciamos. Você está pronto para se unir a ele? Você quer viver de acordo com os valores do Reino ou pelos valores do mundo? Você quer ser um homem do Mestre ou simplesmente um homem? A escolha é sua.

Notas

Introdução

[1]A cultura moderna é rápida em rotular alguém como herói, a tal ponto que a palavra perdeu seu significado. Atletas bem-sucedidos são heróis; políticos honestos são heróis. Pessoas que devolvem carteiras perdidas com dinheiro ainda dentro delas são heróis. Como observou Florence King, tudo o que alguém tem a fazer para tornar-se herói nos Estados Unidos hoje é cair num buraco e sobreviver para contar a todos.

Sem absolutos, porém, não poderia haver heróis. "Os heróis verdadeiros, seja de agora, seja do passado, jamais foram definidos por seu grau de sucesso, nem por fazer algo que é parte de seu dever, mesmo que a maioria das pessoas não o faça, ou, a não ser em casos raros, por causa de um único momento de coragem capaz de causar nossa admiração. Em vez disso, heróis são aquelas pessoas abençoadas ou convictamente direcionadas por uma visão dada por Deus para melhorar seu mundo, a qual exige que elas façam um sacrifício consciente, voluntário e transformador de vida, algo que fazem sem hesitação ou reclamação" (John Perry, *Sgt. York: His Life, Legend & Legacy*, Nashville: Broadman & Holman, 1997, p. 331).

Capítulo 1: Começando de verdade

[1]James Allan Francis. *The Real Jesus and Other Sermons.* Philadelphia: Judson Press, 1926, p. 123.

[2]"Digo-lhes a verdade: Aquele que crê em mim fará também as obras que tenho realizado. Fará coisas ainda maiores do que estas, porque eu estou indo para o Pai" (João 14.12). V. tb. João 20.21,22 e 2Coríntios 2.14; 3.5; 4.7; 5.17.

[3]"Então Jesus veio da Galiléia ao Jordão para ser batizado por João. João, porém, tentou impedi-lo, dizendo: 'Eu preciso ser batizado por ti, e tu vens a mim?' " (Mateus 3.13,14).

[4]"Pois todos pecaram e estão destituídos da glória de Deus" (Romanos 3.23).

[5]"Portanto, da mesma forma como o pecado entrou no mundo por um homem, e pelo pecado a morte, assim também a morte veio a todos os homens, porque todos pecaram; pois antes de ser dada a Lei, o pecado já estava no mundo. Mas o pecado não é levado em conta quando não existe lei. Todavia, a morte reinou desde o tempo de Adão até o de Moisés, mesmo sobre aqueles que não cometeram pecado semelhante à transgressão de Adão, o qual era um tipo daquele que haveria de vir" (Romanos 5.12-14).

[6]"O SENHOR Deus colocou o homem no jardim do Éden para cuidar dele e cultivá-lo. E o SENHOR Deus ordenou ao homem: 'Coma livremente de qualquer árvore do jardim, mas não coma da árvore do conhecimento do bem e do mal, porque no dia em que dela comer, certamente você morrerá' " (Gênesis 2.15-17).

[7]"Pois o salário do pecado é a morte, mas o dom gratuito de Deus é a vida eterna em Cristo Jesus, nosso Senhor" (Romanos 6.23).

[8]"Acerca de seu Filho, que, como homem, era descendente de Davi, e que mediante o Espírito de santidade foi declarado Filho de Deus com poder, pela sua ressurreição dentre os mortos: Jesus Cristo, nosso Senhor" (Romanos 1.3,4).

[9]"Pedro respondeu: 'Arrependam-se, e cada um de vocês seja batizado em nome de Jesus Cristo para perdão dos seus pecados, e receberão o dom do Espírito Santo' " (Atos 2.38).

[10]"Bendito seja o Deus e Pai de nosso Senhor Jesus Cristo, que nos abençoou com todas as bênçãos espirituais nas regiões celestiais em Cristo" (Efésios 1.3).

[11]"Todos os profetas dão testemunho dele, de que todo o que nele crê recebe o perdão dos pecados mediante o seu nome" (Atos 10.43).

"Então levou-os para fora e perguntou: 'Senhores, que devo fazer para ser salvo?'. Eles responderam: 'Creia no Senhor Jesus, e serão salvos, você e os de sua casa' " (Atos 16.30,31).

"Deus tornou pecado por nós aquele que não tinha pecado, para que nele nos tornássemos justiça de Deus" (2Coríntios 5.21).

Capítulo 2: Tentação

[1]"Pois não temos um sumo sacerdote que não possa compadecer-se das nossas fraquezas, mas sim alguém que, como nós, passou por todo tipo de tentação, porém, sem pecado" (Hebreus 4.15).

[2]Alfred EDERSHEIM. *The Life and Times of Jesus the Messiah*. Grand Rapids: Eerdmans,1990, p. 292.

[3]"E eu pedirei ao Pai, e ele lhes dará outro Conselheiro para estar com vocês para sempre, o Espírito da verdade. O mundo não pode recebê-lo, porque não o vê nem o conhece. Mas vocês o conhecem, pois ele vive com vocês e estará em vocês" (João 14.16,17).

[4]"Quem não ama não conhece a Deus, porque Deus é amor" (1João 4.8).

[5]"Respondeu Jesus: 'Eu sou o caminho, a verdade e a vida. Ninguém vem ao Pai, a não ser por mim' " (João14.6).

[6]"Vocês pertencem ao pai de vocês, o Diabo, e querem realizar o desejo dele. Ele foi homicida desde o princípio e não se apegou à verdade, pois não há verdade nele. Quando

mente, fala a sua própria língua, pois é mentiroso e pai da mentira" (João 8.44).

[7]"Não sobreveio a vocês tentação que não fosse comum aos homens. E Deus é fiel; ele não permitirá que vocês sejam tentados além do que podem suportar. Mas, quando forem tentados, ele mesmo lhes providenciará um escape, para que o possam suportar" (1Coríntios 10.13).

[8]Bruce WILKINSON. *Personal Holiness in Times of Temptation*. Eugene: Harvest House, 1998, p. 150 [***Santidade pessoal em tempos de tentação*. São Paulo: Mundo Cristão, 2002**].

[9]"Por mim mesmo, nada posso fazer; eu julgo apenas conforme ouço, e o meu julgamento é justo, pois não procuro agradar a mim mesmo, mas àquele que me enviou" (João 5.30).

"Pois desci dos céus, não para fazer a minha vontade, mas para fazer a vontade daquele que me enviou" (João 6.38).

[10]"Busquem, pois, em primeiro lugar o Reino de Deus e a sua justiça, e todas essas coisas lhes serão acrescentadas" (Mateus 6.33).

[11]O templo de Jerusalém passou por diversas reformas e ampliações, mas, no tempo de Cristo, tinha vários andares.

[12]"Temam o SENHOR, o seu Deus, e só a ele prestem culto, e jurem somente pelo seu nome" (Deuteronômio 6.13).

[13]"Porque a seus anjos ele dará ordens a seu respeito,

para que o protejam em todos os seus caminhos" (Salmos 91.11).

[14]"Quer você se volte para a direita quer para a esquerda, uma voz atrás de você lhe dirá: 'Este é o caminho; siga-o' " (Isaías 30.21).

[15]"Não sobreveio a vocês tentação que não fosse comum aos homens. E Deus é fiel; ele não permitirá que vocês sejam tentados além do que podem suportar. Mas, quando forem tentados, ele mesmo lhes providenciará um escape, para que o possam suportar" (1Coríntios 10.13).

[16]"Jesus respondeu: 'Está escrito: "Nem só de pão viverá o homem, mas de toda palavra que procede da boca de Deus" ' " (Mateus 4.4).

[17]Phillips BROOKS, apud Stephen COVEY. *The 7 Habits of Highly Effective People*. New York: Simon & Schuster, 1989, p. 297.

[18]Em 19 de janeiro de 1999, George Stephanopoulos assistia ao presidente Clinton durante o tradicional discurso que os presidentes norte-americanos fazem no início do ano sobre a situação do país e o futuro, poucos dias antes da discussão sobre seu *impeachment*. O presidente estava confiante, até um pouco arrogante ao fazer o discurso, embora uma tempestade estivesse se formando ao seu redor e ninguém soubesse quando ela iria terminar. Stephanopoulos, que já não era mais conselheiro do presidente àquela altura, "assistia de longe, apreciando o *show*, mas também curioso — curioso em relação a como teria sido se esse bom presidente tivesse sido um homem melhor" (George STEPHANOPOULOS. *All Too Human*. New York: Little Brown, 1999, p. 443).

Capítulo 3: Missão

[1]"Profile of Nelson Rolihlahla Mandela", fevereiro de 2001, Congresso Nacional Africano, <www.anc.org.za/people/mandela.html>.

[2]David ROCKEFELLER, apud Fred SMITH. *Learning to Lead.* Carol Stream: Christianity Today Leadership / Word Book, 1986, p. 33.

[3]"E eu pedirei ao Pai, e ele lhes dará outro Conselheiro para estar com vocês para sempre, o Espírito da verdade. O mundo não pode recebê-lo, porque não o vê nem o conhece. Mas vocês o conhecem, pois ele vive com vocês e estará em vocês" (João 14.16,17).

"Mas quando o Espírito da verdade vier, ele os guiará a toda a verdade. Não falará de si mesmo; falará apenas o que ouvir, e lhes anunciará o que está por vir. Ele me glorificará, porque receberá do que é meu e o tornará conhecido a vocês" (João 16.13,14).

[4]Bob SHANK. *Total Life Management.* Portland: Multnomah Press, 1990, p. 26-7, cap. 5.

[5]Para obter informação mais detalhada sobre esse processo, recomendo um exercício muito útil na avaliação de carreira que será analisado profissionalmente pela equipe de avaliação de carreira do Hendricks Group: <Billh@hendricksgroup.com>.

Capítulo 4: Solidão

[1]Tim HANSEL. *When I Relax I Feel Guilty.* Elgin: Cook, 1979, p. 22.

[2]Richard A. SWENSON. *Margin.* Colorado Springs: NavPress, 1992, p. 115, 228-9.

[3]Richard FLOURNEY et al. *How to Beat Burnout.* Chicago: Moody Press, 1986, p. 15, 105-6.

[4]"O SENHOR lhe disse: 'Saia e fique no monte, na presença do SENHOR, pois o SENHOR vai passar'.

"Então veio um vento fortíssimo que separou os montes e esmigalhou as rochas diante do SENHOR, mas o SENHOR não estava no vento. Depois do vento houve um terremoto, mas o SENHOR não estava no terremoto. Depois do terremoto houve um fogo, mas o SENHOR não estava nele. E depois do fogo houve o murmúrio de uma brisa suave [...] E uma voz lhe perguntou [...] O SENHOR lhe disse" (1Reis 19.11-15).

[5]"De madrugada, quando ainda estava escuro, Jesus levantou-se, saiu de casa e foi para um lugar deserto, onde ficou orando" (Marcos 1.35).

Capítulo 5 — Equipe

[1]Robert COLEMAN. *The Master Plan of Evangelism.* Grand Rapids: Baker, 1993), p. 22-4, 27 [***Plano mestre de evangelismo.*** **São Paulo: Mundo Cristão, 2006**].

[2]Simão também é citado nas Escrituras como Simão Pedro ou Pedro.

[3]"André, irmão de Simão Pedro, era um dos dois que tinham ouvido o que João dissera e que haviam seguido Jesus. O primeiro que ele encontrou foi Simão, seu irmão, e lhe disse: 'Achamos o Messias' (isto é, o Cristo). E o levou a Jesus" (João 1.40-42).

[4]"Depois que João foi preso, Jesus foi para a Galiléia, proclamando as boas novas de Deus. 'O tempo é chegado', dizia ele. 'O Reino de Deus está próximo. Arrependam-se e creiam nas boas novas!'

"Andando à beira do mar da Galiléia, Jesus viu Simão e seu irmão André lançando redes ao mar, pois eram pescadores" (Marcos 1.14-16).

[5]V. Salmos 75.6,7; 103.19; Daniel 4.17; Mateus 6.25-34.

[6]"Eu sou a videira; vocês são os ramos. Se alguém permanecer em mim e eu nele, esse dará muito fruto; pois sem mim vocês não podem fazer coisa alguma" (João 15.5).

[7]"Mas agora se manifestou uma justiça que provém de Deus, independente da Lei, da qual testemunham a Lei e os Profetas, justiça de Deus mediante a fé em Jesus Cristo para todos os que crêem. Não há distinção, pois todos pecaram e estão destituídos da glória de Deus, sendo justificados gratuitamente por sua graça, por meio da redenção que há em Cristo Jesus" (Romanos 3.21-24).

"Tendo sido, pois, justificados pela fé, temos paz com Deus, por nosso Senhor Jesus Cristo" (Romanos 5.1).

[8]"Sem fé é impossível agradar a Deus, pois quem dele se aproxima precisa crer que ele existe e que recompensa aqueles que o buscam" (Hebreus 11.6).

[9]"O rico domina sobre o pobre;
quem toma emprestado
é escravo de quem empresta" (Provérbios 22.7).

"Quem é generoso será abençoado,
pois reparte o seu pão com o pobre" (Provérbios 22.9).

[10]"Maridos, ame cada um a sua mulher, assim como Cristo amou a igreja e entregou-se por ela para santificá-la, tendo-a purificado pelo lavar da água mediante a palavra, e para apresentá-la a si mesmo como igreja gloriosa, sem mancha nem ruga ou coisa semelhante, mas santa e inculpável. Da mesma forma, os maridos devem amar cada um a sua mulher como a seu próprio corpo. Quem ama sua mulher, ama a si mesmo. Além do mais, ninguém jamais odiou o seu próprio corpo, antes o alimenta e dele cuida, como também Cristo faz com a igreja" (Efésios 5.25-29).

"Do mesmo modo vocês, maridos, sejam sábios no convívio com suas mulheres e tratem-nas com honra, como parte mais frágil e co-herdeiras do dom da graça da vida, de forma que não sejam interrompidas as suas orações" (1Pedro 3.7).

[11]"Pais, não irritem seus filhos; antes criem-nos segundo a instrução e o conselho do Senhor" (Efésios 6.4).

[12]"Instrua a criança segundo os objetivos que você tem para ela, e mesmo com o passar dos anos não se desviará deles" (Provérbios 22.6).

[13]"O ladrão vem apenas para roubar, matar e destruir; eu vim para que tenham vida, e a tenham plenamente" (João 10.10).

"Bendito seja o Deus e Pai de nosso Senhor Jesus Cristo, que nos abençoou com todas as bênçãos espirituais nas regiões celestiais em Cristo" (Efésios 1.3).

"Àquele que é capaz de fazer infinitamente mais do que tudo o que pedimos ou pensamos, de acordo com o seu poder que atua em nós, a ele seja a glória na igreja e em Cristo Jesus, por todas as gerações, para todo o sempre! Amém!" (Efésios 3.20,21).

Capítulo 6 — Impacto

[1]"Quem ficar leproso, apresentando quaisquer desses sintomas, usará roupas rasgadas, andará descabelado, cobrirá a parte inferior do rosto e gritará: 'Impuro! Impuro!' Enquanto tiver a doença, estará impuro. Viverá separado, fora do acampamento" (Levítico 13.45,46).

[2]"Digam aos desanimados de coração:
'Sejam fortes, não temam!
Seu Deus virá, virá com vingança;
    com divina retribuição
virá para salvá-los'.
Então se abrirão os olhos dos cegos
e se destaparão os ouvidos dos surdos.
Então os coxos saltarão como o cervo,
e a língua do mudo cantará de alegria.
Águas irromperão no ermo
e riachos no deserto" (Isaías 35.4-6).

"O Espírito do Soberano, o Senhor,
    está sobre mim,
porque o Senhor ungiu-me
    para levar boas notícias aos pobres.
Enviou-me para cuidar dos que estão
    com o coração quebrantado,
anunciar liberdade aos cativos
e libertação das trevas aos prisioneiros,
para proclamar o ano da bondade do Senhor
e o dia da vingança do nosso Deus;
para consolar todos os que andam tristes,
e dar a todos os que choram em Sião
    uma bela coroa em vez de cinzas,
o óleo da alegria em vez de pranto,
e um manto de louvor
em vez de espírito deprimido.
Eles serão chamados
    carvalhos de justiça,

plantio do SENHOR,
para manifestação da sua glória
Eles reconstruirão as velhas ruínas
e restaurarão os antigos escombros;
renovarão as cidades arruinadas
que têm sido devastadas
de geração em geração" (Isaías 61.1-4).

Capítulo 7: Mudança

[1]Jim WRIGHT, apud Jane McAlister POPE. Observations, in: *Charlotte Observer*, dezembro, s.d., 1999, seção C, p. 4.

[2]H. Norman WRIGHT. *Seasons of a Marriage*. Ventura: Regal, 1982.

[3]Alfred EDERSHEIM. *The Life and Times of Jesus the Messiah*. Grand Rapids: Eerdmans, 1990, p. 129.

[4]"Portanto, se alguém está em Cristo, é nova criação. As coisas antigas já passaram; eis que surgiram coisas novas!" (2Coríntios 5.17).

[5]"Pois todos pecaram e estão destituídos da glória de Deus" (Romanos 3.23).

[6]"Assim, a Lei foi o nosso tutor até Cristo, para que fôssemos justificados pela fé" (Gálatas 3.24).

[7]"Abrão creu no SENHOR, e isso lhe foi creditado como justiça" (Gênesis 15.6).

[8]"Portanto, somos embaixadores de Cristo, como se Deus estivesse fazendo o seu apelo por nosso intermédio. Por amor a Cristo lhes suplicamos: Reconciliem-se com Deus" (2Coríntios 5.20).

[9]Frank TILLAPAUGH. *Unleashing the Church*. Ventura: Regal, 1982, p. 80.

[10]"Não deixemos de reunir-nos como igreja, segundo o costume de alguns, mas procuremos encorajar-nos uns aos outros, ainda mais quando vocês vêem que se aproxima o Dia" (Hebreus 10.25).

[11]Peter DRUCKER. *Innovation and Entrepreneurship*. New York: Harper & Row, 1985, p. 39 [***Inovação e espírito empreendedor*. São Paulo: Pioneira Thomson, 2001**].

Capítulo 8: Rigidez

[1]"O SENHOR é compassivo e misericordioso,
mui paciente e cheio de amor" (Salmos 103.8).

[2]"Em amor nos predestinou para sermos adotados como filhos, por meio de Jesus Cristo, conforme o bom propósito da sua vontade" (Efésios 1.5).

[3]*New World Dictionary*. Cleveland: Williams Collins, 1979, p. 806.

[4]"Qual era então o propósito da Lei? [...] Então, a Lei opõe-se às promessas de Deus? De maneira nenhuma! Pois, se tivesse sido dada uma lei que pudesse conceder vida, certamente a justiça viria da lei. Mas a Escritura encerrou tudo debaixo do pecado, a fim de que a promessa, que é pela fé em Jesus Cristo, fosse dada aos que crêem.

"Antes que viesse essa fé, estávamos sob a custódia da Lei, nela encerrados, até que a fé que haveria de vir fosse revelada. Assim, a Lei foi o nosso tutor até Cristo, para que fôssemos justificados pela fé. Agora, porém, tendo chegado a fé, já não estamos mais sob o controle do tutor.

"Todos vocês são filhos de Deus mediante a fé em Cristo Jesus" (Gálatas 3.19-26).

[5]Charles R. SWINDOLL. *The Grace Awakening*. Waco: Word, 1996, p. xv [***O despertar da graça*. São Paulo: Bompastor, 1994**].

[6]"No sétimo dia Deus já havia concluído a obra que realizara, e nesse dia descansou" (Gênesis 2.2).

[7]Merril UNGER. *Unger's Bible Dictionary*. Chicago: Moody Press, 1979, p. 940 [***Dicionário Bíblico Unger*. São Paulo: Vida Nova**].

[8]Ibid.

[9]"Assim, seja qual for o seu modo de crer a respeito destas coisas, que isso permaneça entre você e Deus. Feliz é o homem que não se condena naquilo que aprova" (Romanos 14.22).

[10]Leia Romanos 14 e 1Coríntios 8, onde encontrará ajuda adicional.

[11]Alexander SOLZHENITSYN, apud Max DEPREE. *Leadership Is an Art*. New York: Doubleday, 1989, p. 50.

[12]"Disse Jesus aos judeus que haviam crido nele: 'Se vocês permanecerem firmes na minha palavra, verdadeiramente serão meus

discípulos. E conhecerão a verdade, e a verdade os libertará' " (João 8.31,32).

[13]Agradeça a Deus comigo por Cristo ter dito em João 8.32 que "conhecerão a verdade, e a verdade os libertará". Sabemos que o próprio Jesus Cristo era "o caminho, a verdade e a vida" (João 14.6). Vamos fazer o que for possível para apresentar aos outros essa vida, de modo que possam desfrutar do perdão que Deus tem para eles. Cristo estava oferecendo o Reino por meio de sua mensagem; estava servindo de exemplo para o Reino por meio de seu estilo de vida, elevando os outros ao promover alegria e pureza. Ele forneceu o acesso ao Reino por meio de sua morte e estabelecerá o Reino quando voltar. Muitos, porém, opuseram-se a ele naquela época por não compreender sua intenção, por distorcer suas ações, difamar seu caráter e procurar intimidar seus futuros seguidores. No entanto, devemos separar o joio do trigo perguntando a nós mesmos qual é a aparência do caráter de Deus e se ele é manifesto nessa abordagem ou em outra. É difícil imaginar um Deus bom e gracioso representado por pessoas tão amargas e de mente pequena que não vão permitir que os famintos sejam alimentados ou que os doentes sejam curados. Hoje em dia, muitos são afastados de um convite para conhecer a Deus pelas duras exigências dos legalistas que dizem que o representam. Está mais de acordo com o caráter de Deus ver a demonstração de misericórdia. Como é atraente encontrar alguém que não vai ficar apontando nossas falhas, que nos aceita como somos, que nos ajuda nas áreas em que temos necessidades sem apresentar uma enorme lista de pré-requisitos. Amor, graça e misericórdia são características de Deus e é de se esperar que estejam presentes em seus seguidores. Jesus exemplificou isso e seria amável com qualquer dissidente, pois essas características eram fundamentais para a missão de atrair homens e mulheres à salvação. Devemos fazer o mesmo ao demonstrar claramente que estamos vivendo em amor, não retaliando aqueles que nos atacam ou capitulando diante de sua intimidação. Devemos examinar nossa motivação e, se ela for confirmada, permanecer nesse caminho. Devemos buscar ativamente a graça e fazer o que é melhor para os outros. Em resumo, devemos confiar na graça de Deus.

Capítulo 9: Decisões

[1]Robert COLEMAN. *The Master Plan of Evangelism*. Grand Rapids: Baker, 1993, p. 27, 29, 31, 33 [***Plano mestre de evangelismo*. São Paulo: Mundo Cristão, 2006**].

[2]"A verdade é que vocês estão me procurando, não porque viram os sinais miraculosos, mas porque comeram os pães e ficaram satisfeitos" (João 6.26).

[3]A palavra *apóstolo* vem do grego *apostolos* e tem o sentido de "uma pessoa enviada" ou "comissionada" (A. F. WALLS, "Apostle", in: *New Bible Dictionary*, I. Howard MARSHALL [Ed.], et al., 3. ed., Downers Grove: InterVarsity Press, 1996, p. 58).

Capítulo 10: Integridade

[1]Nimrod MCNAIR, artigo extraído da *newsletter* da Executive Leadership Foundation, Atlanta, 1991.

[2]R. Kent HUGHES. *Disciplines of a Godly Man*. Wheaton: Crossway, 1991, p. 119 [***Disciplinas do homem cristão*. Rio de Janeiro: CPAD, 2006**].

[3]Ken BOA. What Is Behind Morality, in: *Living Ethically in the '90s*, J. Kerby ANDERSON (Ed.), Wheaton: Victor, 1990, p. 34-6.

[4]George MANNING & Kent CURTIS. *Ethics at Work*. Cincinnati: South-Western, 1989, p. 64-71. Além disso, descobri que os comunistas também possuem um código de ética, chamado Treze Pontos de um Código de Ética Secular. O confucionismo propõe sua busca pelos relacionamentos corretos. Os budistas contribuem com suas Quatro Verdades Nobres e o Caminho das Oito Virtudes. O hinduísmo ensina as Dez Grandes Virtudes. O judaísmo apresenta o famoso código mosaico dos Dez Mandamentos, e o islã pede aderência às Três Conformidades (seus artigos de fé, conduta adequada e religiosidade) (John B. NOSS. *Man's Religions*. New York: Macmillan, 1980, p. 505-12).

[5]O amor ágape é definido como fazer o que é melhor para os outros mesmo se isso implicar grande custo para nós mesmos.

[6]"Não seja como aqueles que,
com um aperto de mãos,

empenham-se com outros
e se tornam fiadores de dívidas"(Provérbios 22.26).

[7]"Pois vocês conhecem a graça de nosso Senhor Jesus Cristo que, sendo rico, se fez pobre por amor de vocês, para que por meio de sua pobreza vocês se tornassem ricos" (2Coríntios 8.9).

Capítulo 11: Compromisso

[1]*New World Dictionary*. Cleveland: Williams Collins, 1979, p. 286.

[2]"Pois nele foram criadas
todas as coisas
nos céus e na terra,
as visíveis e as invisíveis,
sejam tronos ou soberanias,
poderes ou autoridades;
todas as coisas foram criadas por ele e para ele" (Colossenses 1.16).

[3]John SCULLEY & John A. BYRNE. *Odyssey: Pepsi to Apple*. San Francisco: Harper & Row, 1984 [***Odisséia: da Pepsi à Apple*. São Paulo: Best Seller, 1988**].

Bíblia do Executivo

A busca do sucesso profissional é um dos grandes anseios do mundo contemporâneo. Centenas de obras são lançadas todos os anos para auxiliar o executivo a desenvolver sua aptidão como líder. A Bíblia Sagrada — o livro mais vendido em todo o mundo — apresenta princípios essenciais para aqueles que buscam destacar-se em sua área de atuação. Especialmente preparada para líderes de qualquer área, a *Bíblia do Executivo* despertará ainda mais em você o prazer de inspirar e conduzir pessoas segundo o estilo de liderança baseado na dinâmica da eterna Palavra de Deus.

- Introdução aos livros ressaltando conceitos-chaves de liderança em cada livro bíblico.

- Sistema de estudo bíblico em 52 semanas tratando de princípios-chave de liderança.

- Janelas de estudo que reforçam a compreensão da liderança bíblica ao longo do texto.

- Perfis de caráter que mostram como os atributos pessoais e a tomada de decisões dos líderes na Bíblia influenciaram sua eficiência.

- Índice de assuntos que conduz aos textos bíblicos mais relevantes de acordo com as preocupações do líder.

- Concordância NVI para facilitar e tornar mais ágil a pesquisa de referências bíblicas.

Conheça outras obras da Editora Vida

Formado com um propósito

É triste passar pela vida com os poderes dados por Deus sem nunca saber o que eles são ou como usá-los. *Formado com um propósito* é a chave para abrir e liberar esses poderes. Erik Rees vai ajudar você a descobrir o propósito exclusivo de Deus para a sua vida com base na maneira como ele o formou. Repleta de citações bíblicas e histórias da vida real, a obra apresenta uma série de desafios que o guiarão no processo de sua descoberta pessoal.

Diálogos de sabedoria

A amizade é um caminho vital — e notadamente raro — pelo qual Deus atende a nosso apelo por direção, encorajamento, afirmação e correção. *Diálogos de sabedoria* é prova de como as preocupações da vida recebem alívio por meio de relacionamentos transparentes que têm Cristo como centro. Através de uma série de cartas enviadas a um amigo, Eugene Peterson relembra como a amizade é um caminho eficaz para a maturidade cristã.

Neemias e a dinâmica da liderança eficaz

O autor Cyril Barber diz que, no livro bíblico de Neemias, ele aprendeu a planejar o trabalho, organizar seu tempo e recursos, integrar as tarefas no funcionamento total da companhia, motivar a outros, avaliar os resultados, descobrir a importância de estabelecer alvos realistas e o que fazer antes de atingir seus objetivos.

Esta obra foi composta em *Agaramond* e impressa por
Imprensa da Fé sobre papel *Chamois Fine* 67 g/m² para
Editora Vida em julho de 2007.